あたりまえだけど
なかなかできない

出世のルール

浜口直太

出世に特別なスキルなんていらない。

なぜあの人が出世したのか謎が解けた！

会社でやりたいことがやれるようになれる本

まえがき

本書にあるルールは、仕事経験もなく英語もできない中、米国でアメリカ人とまともに戦い、熾烈な出世競争を生き抜いてきた私の体験が満載されています。

そういうことで、各項目にそれぞれ深い思い出があります。特に失敗のです。失敗ばかりしていた私ですが、独立する前にサラリーマン・コンサルタントとして米国で勤務していたKPMGとプライスウォーターハウスの両社で、素晴らしい上司たちに巡り会いました。非常に厳しい上司たちでしたので、周りの部下たちは、彼らから距離を置いていました。一方、私は同業で独立することを考えていたので、彼らの懐に飛び込み、すべてを学び盗もうと毎日必死でした。そのひたむきな姿勢を上司たちは高く評価してくれ、彼らが出世する度に、できない私を引き上げてくれたのです。従って、実力派の彼らがスピード出世する中、私までセットで彼らと一緒に昇進させてもらったのです。

その体験を通して思いました。**出世に必要なことは、技術的なことではないと。むしろ重要なのは、仕事や周りの人に接する前向きな姿勢です。それが「出世のルール」の基礎です。**

渡米する前、私は日本の学校教育において、とんでもない「劣等生」であり、「負け組」でした。今から考えたら、私は勉強のルールを守っていなかったのです。ですから、勉強ができるわけがなかったのです。

人間社会には、どこに行ってもルールが厳然と存在します。「原因と結果の法則」から、そのルールを守れば成果が出るし、守らなければ当然成果は出ません。非常に簡単であたりまえなのです。そのため、もし、出世したければ、その「出世のルール」に従えばいいのです。

しかし、様々な方から相談を受けてわかったのですが、そのあたりまえのルールを実践している人があまりにも少ないのです。その人たちは、出世どころか、勤務を続けられることすら危ういのです。

この本を書いた理由は、その人たちへの応援のためです。ぜひ、私と一緒に「出世のルール」を実践し、成果を出してみませんか！

浜口 直太

あたりまえだけどなかなかできない
出世のルール

この一〇一のルールができるようになれば、怖いものなしです。出世にむずかしいことはいらないんです！

出世のルール

01

「気配り力」が出世の決め手

これからは、頭がいいだけでは出世できません。頭がいい人はエリートですから、小さい頃から頭がいいことで、周りの人たちにちやほやされてきました。なので、出世の決め手となる「気配り」の大事さも学べず、身につけずにきてしまった人がとても多いのです。と言うことは、頭がいいだけの人はかわいそうな人です。せっかく勉強で頑張ってきたのに、会社や組織に入っても、出世できないからです。一番理想的なリーダーは、頭が良くて、気配りができる人格者です。両方を持ち合わせた人はそうはいません。

私は小さい頃から「頭悪いね！」とか「バカなの？」とよく言われてきました。「頭いいね」と言われたことは、生まれてよりこのかた一度もありません。

謙遜抜きに、自分ぐらい頭が悪い人にはめったに会ったことはありません。基本的には「自分以外皆私よりに頭いい」ということをイヤというほど思い知らされてきました。

ところが、英語が「超」苦手だったのに、十万人以上のプロフェッショナルを有する世界最大級の国際会計・経営コンサルティング会社「ＫＰＭＧ」のニューヨーク本社に、日本の大学を出たてで運良く就職できました。それは、まさに高校三年生の時以来の夢でした。

当時、英語もできず、専門能力もなかった私が、なぜＫＰＭＧの本社に入れたか、まったく奇跡としか言いようがありません。もし、少しでも評価して頂けていたとしたら、面接で最大の気配りをしました。昔から気配り（私は**「気配り力」**と言います）は得意でしたので。

「どうせ今回採用してもらえないことは間違いないのだから、将来、力をつけて再応募するために、明るく元気に謙虚で堂々とさわやかに応対するぞ！　この面接から学ぶぞ！」と決めて臨みました。一種の開き直りですが、極めて前向きな気持ちでした。

就職の面接から始まって、国際会計・経営コンサルティング会社に計十年近く勤め、スピード出世させて頂きました。入社して一年でコーディネーター（係長）、二年半でマネージャー（課長）、五年でシニア・マネージャー（部長）、七年でディレクター（執行役員兼本部長）という具合です。周りの人たちがあまりの出世の早さに唖然としていました。専門能力では最低レベルでしたので、出世させて頂いた理由は、**「気配り力」**だったことを痛感します。

「気配り力」、つまり、職場でどれだけ気配りができるかが出世ではカギになります。

出世のルール

02

まず、朝に勝つ

私の知り得る限り、出世した人で朝に弱い人は一人もいません。つまり、出世する人は朝に強いということです。朝に強いということは、朝早くから時間が使えるということです。

「おいおい…俺は出世したけど、朝に弱いぞ！ 嘘言うな！」と言う人がいるでしょう。しかし、その人は朝に強くなれば、更にいろいろなことができ、もっと出世できます。

朝は一日のスタート。スタート時点の朝に勝てない人は、既にその日一日の負ける要因を作ってしまっています。騙されたと思って早起きを実践してみて下さい。**驚くほど周りの評価が高くなりますし、仕事の上でも成果が出ます。人間の頭脳は朝が最も働くのです。**

私は頭も良くありませんし、人に誇れることは何一つありません。ただ、能力のない分、徹底してやってきたことが幾つかあります。その一つは、新卒で入社以来勤めていた十年間、また自ら会社を起こしてから現在まで十三年間、早く起き早く出社するようにしてきました。

それは、私にとってはとんでもない挑戦でした。というのは、小学校から高校まで、私は寝坊・遅刻の常習犯だったのです。その結果、いつも成績は悪く、何事にもおいても消極的かつ中途半端で、「負け犬」状態で人生の基盤となる青春時代を過ごしてしまいました。

遅刻するたびに、「ああー今日も負けてしまった！　明日こそ朝に勝つぞ！」と決意するのですが、実際それが、小学校から高校まで続いてしまいました。自ら「あすなろ（「あす早起きになるぞ！」の略）直太、しっかりしろ！」と毎朝学校行く途中で叫び続けていました。

ところが、高校三年生に一ヶ月間米国に行き、ホームステイしてから、突如「国際経営コンサルタント」になると決意し、人間が変わりました。大学に入ってからは、卒業まで無遅刻、無欠席、無早退を貫き通しました。特に高校までの体験から、朝に勝てないと一日に勝てないことは身に染みてわかっていましたので、徹底して朝早く起きることに挑戦し続けました。

日本の大学を出てから、世界最大級の国際会計・経営コンサルティング会社のニューヨーク本社に勤務し始めてからも、頭が悪い分、能力がない分、そして英語ができない分、朝早く出社し仕事を始めるしか生き残る方法はありませんでした。でないと、足手まといで、周りからも信頼を得ず、時間の問題でクビになるという厳しい現実でした。**朝早く出社した分、その日にやるべきことの戦略や行動計画が立てられ、極めて効率的・効果的に動けました。**

出世のルール

03

声はでかくハキハキと

高度経済成長期は違っていたかも知れませんが、**これからは出世するには、声がでかくハキハキと話す方が有利です。**確かに私が知っている会社や組織では、出世している人は例外なく声がでかくハキハキと話します。

理由は簡単です。もしあなたが、声がでかくハキハキ話す部下と声が小さくボソボソ話す部下を持ち、どちらかを昇進させなければならない場合、他の面が同じくらいだったら、迷うことなく、声がでかくハキハキと話す部下を選びますよね。既に部下を持っている人は当然ですが、昇進ということは、新たに部下を持つということでもあります。であるならば、声がでかくハキハキと話せる人の方が、人を安心させリードし易いので、組織の上司としては無難な選択になります。

頭が悪く、能力もなかった私が、日本の大学卒業後、米国で大手国際会計・経営コンサル

ティング会社に入り、曲がりなりにもスピード出世させて頂いた理由の一つは、間違いなく、いつも声がでかくハキハキしていたからだと痛感します。

でも実は、私は大学を出るまで、いつも小さい声でボソボソ話していました。何事においても、中途半端で成果が出せなかったため、すべてに自信がなく、それが自らの言動に出ていたわけです。お陰で存在感もなく、誰からも評価の対象にすらなりませんでした。誰かをリーダーに選ぶ際も、小学校から大学まで私を推薦する人は誰一人いませんでした。

そんな私が変わったのは、渡米してからです。米国に到着するなり、英語の勉強を兼ねて、ある非営利団体でボランティアをすることにしました。私の担当になったアメリカ人は、体もプロレスラーのように大きく強靭で、「世の中に普通の会話をするのに、こんなにでかい声で話す人がいたのか！」と驚かされました。

彼は私と話すなり、いきなり鼓膜が破れそうになるくらい怒鳴りました。「声が小さい！口で声を出すな、腹から出せ！　声がでかくなるまで注意し続けるぞ！」

それから私は、その活動に出る度に、喉が枯れるくらい大きな声で話すようになりました。不思議なことに、それから段々普段の声もでかくなり、と同時に会社での役職もどんどん上がってきました。その彼はと言えば某米国中堅銀行の頭取にまでなってしまったのです！

出世のルール

04

出世する人は読書家

出世する人は本当によく本を読みます。最近そのことに気がつきました。なぜなら、友人で出世した人を片っ端にチェックしてみたところ、皆「超」読書家だったのです。

その代表格が、イオン株式会社専務取締役・監査役、株式会社マイカル代表取締役社長・会長などを歴任した榎本恵一さんです。彼は、待ち合わせると、必ずかなり早めに来られます。私が来たのも気がつかないほど読書にのめり込んでいます。時間ができたらすぐに読書するため、いつも本を持ち歩いています。

十五年前、イオンが抜本的な業務改革を進めるため、中堅幹部三十人を選び、米国視察を実行しました。その視察団の団長をされていたのが、当時常務だった榎本さんです。その際、行動を共にし、榎本さんの読書を通した勉強ぶりには何度も驚かされました。

その視察支援を請け負っていたのが、私が働いていたコンサルティング会社、プライス・

ウォーターハウスです。私は日本企業部ディレクターとして、テキサス州ダラスにおりましたが、日本語ができるということでその視察のお世話をすることになりました。

人格者でもありますが、大の読書家であることは、榎本さんの言動を見ればすぐにわかりました。その後、榎本さんとは、何度も日本で会食させて頂きましたが、毎回驚かされることが二つありました。

一つは、膨大な量の読書成果として毎回貴重なアドバイスや最新情報を頂けたこと。もう一つは、お会いする度に出世されているのです。最後はイオンが買収したマイカルのトップまで務められ、いかにイオンの岡田社長から信頼されているかがよくわかりました。私が榎本さんの会社の社長だったら、同じように彼をどんどん出世させたことでしょう。

私は、高校を卒業するまで読書が大嫌いでした。笑われるかもしれませんが、それまで読んだ本は「子鹿のバンビ」と「野口英世」の二冊。そんな私が、日本の大学卒業後、米国でコンサルティング会社に就職しました。同僚と比較し、あまりの知識のなさに悩んだあげく、月十冊以上の読書を始めたのです。すると、**徐々に知識が増え、周りのエリート・アメリカ人たちと対等以上に議論ができるようになりました。正直、読書の凄さを実感しました。**

どんどん本を読んでみて下さい。知識が増え、周りからの評価も必ず上がります。

出世のルール 05

感謝が上手い人は出世する

私が前に米国で最後に勤めていたコンサルティング会社、プライス・ウォーターハウス（PW）に、ポール・ウィーバーというアメリカ人上司がいました。競合他社からヘッドハントしようと辛抱強く一年かけて、私を説得した張本人です。彼のその熱意ある説得がなければ、私はおそらく、PW社に入っていなかったでしょう。

ウィーバーさんは二〇〇〇人の同期入社組の中で「超」出世頭でした。米国一流大学・経営大学院（ビジネス・スクール）出身者が多い中で、彼は地方の無名州立大学を出て、PW社に入社しました。学歴的にはとてもスピード出世できるような人ではありませんでした。仕事も入社当初は特にできたわけではなかったようです。

しかし、とんでもないペースで出世していったのです。あっという間に、四十歳という若さで、世界中に十万人以上のプロフェッショナルを有する世界最大級のコンサルティング会社のナンバー2にまで上り詰めていました。私も彼の部下ということもあって、彼とセットでスピード出世させて頂きました。

なぜ彼が若くしてそんなに記録的な出世を成し遂げたかを、当時社内外のいろいろな人に聞いてみました。すると、他人と比較すると彼には決定的に違うところがあるのを知らされました。それは、とてつもなく感謝上手ということです。大したことではないのに、彼は物凄く感謝します。それも誰に対してもです。感謝された側にしてみると、大感激して、また彼のために、助けようという気になります。

感謝上手は本当に出世します。逆に感謝の表現が下手な人は出世できません。感謝の表現が下手だと、相手が感謝されているかどうかすらわかりません。まず、感謝しないわけですから、そのままの低い評価となり、常識のないダメ社員扱いになります。

感謝されてイヤな気になる人は誰もいません。むしろ、感謝されたら、その人のために何かをしてあげたくなります。上司からの評価も高くなります。先日も、**小さなことでも他人にしてもらったことを大切にして感謝できる人は伸びるし、偉くなれることを講演しました。**

それでは、どうしたら感謝が上手くなるのでしょう？ 答えは簡単です。誰に対しても、**何かしてもらったら、心から感謝することです。気持ちが大事なのです。**

出世のルール
06
たいへんよくできました

歩き方＝生き方

ある時、クライアントである顧問先企業の社長さんからしみじみ言われました。

「浜口社長って、めちゃくちゃ歩くの速いですよね～　私も学生時代に陸上競技やってたから、歩くのは速い方ですが、浜口社長には負けます。なんか、その歩き方を見ていると、一瞬たりとも時間をムダにせず、何事にも全力でやる生き方が出てますね…」

「え！　そうですか？　気がつきませんでした…　今度他の人にも聞いてみます」

周りの人に聞いたら、全員が同じ意見です。確かに私は歩くのが速いです。速いのはわかっていたのですが、クライアントにまで指摘される程速いとは思っていませんでした。

実は私の歩くのが速いのには、わけがあります。小学生時から競泳選手として、東京文京区駒込にある「東京スイミング・センター」というスイミング・クラブに長年毎日通っていました。そこは、平泳ぎのオリンピック金メダリストで有名な北島康介選手を始め、数々のオリンピック選手を輩出した、厳しい練習で有名なスポーツクラブです。私の担当コーチは、青木先生という方で、日本を代表する「競泳オリンピック強化コーチ」でもありました。

私は青木先生に絶大なる尊敬の念を持ち、言われる通り、毎日厳しい練習に励んでいました。

ある時、青木先生がいつもの気合いと迫力満点の声で一言。

「おいこらー、浜口。お前は脚力が弱過ぎるぞ！　だからいつまでたっても記録が伸びないんだ！　これから、歩く時はいつも全速力で歩け！　いいかわかったな！」

「はっ、はい、青木先生、わかりました！」

小学校五年生の時でした。それから、歩く時は、全速力で歩くようになり、癖になってしまいました。それでも、競泳を完全に引退した大学生の時は、のんびり過ごしていたこともあり、一時期ゆっくりタラタラと歩くようになりました。しかし、「国際経営コンサルタント」になると決め、あまりにも自分のレベルが低すぎて、一生かかっても一流になれないかも知れないことがわかってから、一瞬たりとも時間をムダにしたくなくなり、歩く速さが、目標に向かって一途に生きていた競泳選手時代に戻ってしまいました。私と歩く人は大変迷惑しているると思います。しかし、そのお陰でスピード出世でき、青木先生にも感謝しています。

出世したければ、速く歩いてみることをお薦めします。生き方が前向きになりますから。

出世のルール

07

業務日報を反省と成長のための手段にする

様々な会社を見ていて、仕事ができない人ほど業務日報を機械的、事務的に書いていることに気づきました。

あなたは、業務日報を書くのがノルマになり、仕方なく出していませんか？　せっかく手間隙かけて毎日書くのに、ただ上司に出す目的から惰性で書いているのなら、その場合、内容はかなり適当、またはあまり意味もないのに細かく書いていることが多く、まったくムダなことになります。

それならば、業務日報など出さずに、本業に時間と労力を使った方が、会社や本人にとってはより価値があります。

仕事ができる人は、業務日報を自己管理の大切なツールとして効果的に活用しています。

私も日本の大学卒業後、ニューヨークのコンサルティング会社で働き始めてから、テキサス州ダラスで起業するまでの十年間、毎日欠かさず業務日報を出していました。私のみならず、同じ部署の人たち全員がそうでした。

仕事ができる上司たちは非常に厳しく、部下の業務日報に毎日しっかり目を通していました。業務日報で理解のできないところ、不効率なところを見つけては、鋭い質問やアドバイスを浴びせかけてくるのです。

よく考えて書かないと厳しく叱られます。それもそのはずで、「超」多忙の上司の時間を毎日業務日報のレビューのために使わせているのです。それも、一人の上司に部下が十数人いるのです。

スピード出世してきた「超」仕事のできる先輩としばらく一緒に仕事をした時のことです。

「なぜ仕事がそんなにできるのですか？」との私の質問に、彼は一言。

「業務日報を一日の反省と自己の成長のために、大いに役立てているからだよ」と。

彼の業務日報を見せてもらったところ、**一日の業務内容の説明以外に、業務上の問題点とそれを克服するためにやるべきこと、そして一日の反省点が詳しく記されていました。**

出世のルール 08

語学力をつける努力をする

ご存知の通り二十一世紀に入って、大企業はもとより、中小企業でも海外でビジネスを始めたり、外国企業と提携したりするところが急増しています。仕事柄、経営の現場を見ていると、この傾向は、更に続くでしょう！

つまり、市場も国際化してきているということなのですが、その割に語学ができる戦力（社員）があまりにも少ないのです。海外から日本語のわからない外国人が電話してきたとき、語学のできる社員が外出していたりすると、お手上げ状態という部署に、あなたはいませんか？ 語学、特に頻繁に使われる英語や中国語ができると、重宝がられるのみならず、昇進においてプラスになります。

私が顧問や役員をしている企業でも、語学ができる社員は明らかに優遇されていますし、結構海外との大事な取引を任されたりして、語学ができない社員に比べると、評価を高くつけざるを得ない状況になっています。

今は語学ができてあたりまえの時代になってきていますから、中途半端な語学力では、かえって間違いや誤解を誘発させるため、周りの評価を下げることもあります。

語学力がついてくると周りからの評価が高まる以外にも利点が出てきます。私の場合、英語を学ぶことで、日本語の総合能力、即ち、「読む・書く・聞く・話す」という四つのコミュニケーション能力が飛躍的に伸びました。一番効果があったのは思考能力で、論理的に考え端的に話せるようになりました。

既に語学力があることは理想ですが、なくても語学力をつける努力をするだけでも大きな違いになります。

例えば、ご自身が一生懸命英語の勉強をしていたとします。まだ初心者であるため、難しい会話はできませんが、急な海外からの外国人の電話にも、「ここぞ、英会話の練習のチャンス！」と前向きに捉えて、逃げることなく一生懸命話してみましょう。これを周りの人、特に上司が見ていたら、感心したり、あなたを見直すことでしょう。私は何度もそんな場面を見てきました。

普段の絶え間ない語学への努力は、ちょっとしたことでわかり、報いがあるものです。

出世のルール

09

直感力を養う

出世する人は直感力があります。直感力は、理論的・客観的にはほど遠く、感覚的な判断に基づき、考えもせずに一瞬の判断で決められるような印象があります。実は、私は「直感」ほど理論的、科学的、客観的な判断ができる方法はないと思っています。

世界的な経営コンサルタント、ピーター・ドラッカー博士は、「経営は科学ではなく、芸術である」ことを昔から説いています。私も七年間夜、テキサス大学経営大学院で「経営科学」を教え、昼間は経営コンサルティング会社を経営していた際、「経営は芸術」であることを体感しました。というのは、経営の主体（会社）は、人間が集まってできた「法人」で、その意思決定を下すのは、リーダー、即ち人間だからです。また、リーダーによって経営における意思決定の結論が変わることもよくあります。

経営だけではありません。なんでもそうです。例えば政治の世界。森総理（当時）と小泉総理とは、意思決定した場合、違ってきます。特に郵政民営化問題では、森さんも賛成でしたが、進め方において、小泉総理とまったく違っていました。

米国のブッシュ大統領も、クリントン大統領（当時）と政策において明確に違います。同じ米国生まれの白人でさえ、生まれた時期・育ち・教育・家族など様々な要因によって思考基盤や価値観が違います。それが属している政党の違いという形にもなって出てきています。自慢ではないですが、私は、頭はけっして良くないので、その分直感力が発達したようです。商売の直感力ではなく、何が正しいかという判断における直感力です。

直感は、実は長年蓄積した経験・知識・学習から得たデータ・ベースを基にしたものなのです。そのため、一瞬であっても、コンピュータ同様、頭脳の奥に保管されている過去のデータを認知し分析しながら、そのとてつもない量のデータを基に判断しているのです。

よく、成功した大経営者が、結果的に正しい意思決定ができた理由として、「直感で決めたから」と言われ、聞いている人々が納得できないことがありますが、本当にその「直感」以上でも以下でもないのです。

成功するために、また、その具体的な成果としての出世のためにも直感力を養いましょう！直感力を養うためには、積極的に様々な体験を重ねていく以外ありません。

出世のルール 10

会議で前向きかつ具体的な発言をする

私は会議に出れば、その人が出世できる人かどうかわかります。曲がりなりにも二十年以上日米アジアのビジネス分野でのプロフェッショナルをしてきた経験からですが、判断基準はきわめて簡単です。会議に出たその人が前向きかつ具体的な発言ができるかどうかを見ればいいのです。

これは私が絶対的に自信を持っている、出世する人の判断基準ですので、ぜひ職場で試してみて下さい。そのようにすれば、あなたの評価は急に上がります。もし、周りで毎回会議に出ては、前向きかつ具体的な発言をしている人がいたら、その人は間違いなく出世します。万が一、その会社のトップや上司に見る目がなく、その人がその会社で出世できなかったとしても、その人は必ず出世します。その時は、競合他社などからヘッドハンドされる時です。

実はこの「会議で前向きかつ具体的に発言する」ということは、日本の大学を出て最初に就職したニューヨークのコンサルティング会社での入社式の際に会った最高経営責任者（CEO）、テリー・ホーナーさんからアドバイスとして受けたことです。

米国の三流大学を卒業後、その大学から奇跡的に初めて世界最大級のコンサルティング会社に彼は入社し、最年少で十万人以上のプロフェッショナルを有する会社のトップまで上り詰めた、いわゆる「立身出世」を絵に描いたような人です。

ホーナーさんがある時、突然新入社員研修会に来ました。そして、たまたま空いていた私の隣の席に座りました。せっかくなので私は彼に質問しました。

「出世するために、仕事を一生懸命する以外何かやるべきことがありますか？」

「いっぱいあるよ。例えば、今会議をしているから、会議ですべきことをアドバイスさせてもらうと、**いつも前向きにかつ具体的な発言をすることだよ。決して、後ろ向きだったり、抽象的な発言はしないこと。また、批判したり評論したりしてもダメだよ。それだけで、君の評価は下がり、周りの人は、君をリーダーにしたがらないよ！**　頑張って出世してくれよ！俺にできたんだから君にもできるよ」

それを言い残し、その「ミスター立身出世」は研修室を去りました。

出世のルール

11

たいへんよくできました

頼まれたら期日を聞いて必ず間に合わせる

仕事のできる人は、頼まれたらすぐやろうとします。なぜなら、仕事ができるのを先輩や上司が知っているので、どんどん仕事を頼んできます。それで、更に多忙になるので、すぐやらないと将来もっとできなくなるからです。

一方、仕事のできない人は、頼まれても先延ばしするため、そのうち誰も頼まなくなります。「急ぐ仕事を頼む時は、一番忙しい人に頼め」という昔から言われている組織のルールから、どうしても仕事ができる忙しい人に仕事の依頼が集中します。それでも、その仕事のできる忙しい人はすぐにやるため、あっという間に依頼事項を処理します。

米国の経営コンサルティング会社にいた時、上司だったアメリカ人、ビル・ヒビットさんがそんな人でした。当時若かったのですが、皆がどんどん彼に仕事を頼んできます。ヒビットさんは、どんなに忙しくても、その場で断わることはせず、まず依頼内容を聞きます。スケジュールが埋まっている時は、終了すべき期日をもらい、現実的にそれに間に合うと判断した場合、仕事を受けていました。ただ、実際には、受けた後、期日よりも必ず前に完成させていました。というのは、彼はいったん仕事を受けると、徹夜をしてまで絶対に間に合わす、非常に自分に厳しい人でした。

ヒビットさんは、ケンタッキー州立大学を出てKPMGに入社し、会社に勤めながら、大学院に行き、弁護士とCPA（公認会計士）の両方の資格を短期間で取得しました。入社当時から、モーレツに働き、仕事があまりに速いので、当時彼がいた国際部では一躍有名になったそうです。確かに一緒に仕事していて、信じられないくらい仕事の処理が速いため、私は自分自身と比べて、自信喪失した時期もありました。ただ彼はアメリカ人の中でも特別で、「超人」であることを優秀なアメリカ人から聞いて、なんとか気を取り戻しました。

ヒビットさんが忙しい分、部下である私たちも忙しくなります。彼が受けた仕事を部下皆で手分けして手伝わなければなりません。**彼の優れたところは、仕事が速いのは言うまでもありませんが、すぐにできない場合、必ず期日を聞き、間に合いそうだったら、仕事を受ける、つまり超現実派だったところです。そして、一度受けた仕事は、絶対に期日前に終わらせるのです。**彼はその後、最年少で国際部のトップ、そして最短で役員になってしまいました。

出世のルール 12

無遅刻・無欠席・無早退はあたりまえ

米国で経営コンサルタントとして独立する前に、コンサルティング会社のKPMGとプライス・ウォーターハウスの二社に、合計十年間働いていました。両社とも本当に厳しい上司につきました。今日本に戻ってきていろいろな会社の経営支援に携わり、日本の会社の上司がいかに優しいか、甘いかがわかりました。

当時の私の上司たちの共通点は、まずスピード出世してきたこと、そして、何十年も働いてきているのに、無遅刻、無欠席、無早退を通してきたことです。彼らにとっては、それはあたりまえでした。お陰で私も徹底的に仕事をしなければならないということ、そして無遅刻・無欠席・無早退を辞めるまで続けなければならないプレッシャーを毎日感じました。そのため、キツくて毎日辞めたくて仕方がありませんでした。

私は独立するタイミングを、大学を出て十年、つまり三十二歳に設定していましたので、入社より十年間、無遅刻・無欠席・無早退を続けなければならないのかと思うと、気が遠くなる思いでした。

実際には予定通り、十年後に独立したのですが、それまで本当に無事、無遅刻・無欠席・無早退を通しました。でも両社の職場では、上司たちがそうしてきたことから、あたりまえ中のあたりまえで、何も誇ることでもなく、むしろ、そうではない場合は問題で、恥ずかしいことでもありました。

どこの会社も社長が厳しいところは、無遅刻・無欠席・無早退はあたりまえで、当然の企業文化になっています。

米国に行く前に、アメリカ人は日本人に比べて働かないと聞いていました。しかし、実際に米国企業で働いてみて、それは大きな誤解であることがわかりました。つまり、経営陣や管理職になるアメリカ人は、日本人以上に働く上に、日本人と比べて倍に近い生産性の高い仕事をします。

また出世するアメリカ人のスピードは、優秀な日本人の比ではありません。四十歳代で、世界的な米国企業のトップになってしまうことは珍しくありません。また、その人たちのすごい努力や能力を考えた時、それは決して早いことではないのです。

出世のルール

13

「悪くてあたりまえ」の精神

「良（よ）からんは不思議、悪（わる）からんは一定（いちじょう）とをもへ」（良いことが起こるのは不思議で、悪いことが起こるのがあたりまえ）という、人生の指針にしている座右の銘を私は様々なところで紹介しています。今でもこの言葉に勇気づけられます

出世する人はハングリーです。良い結果に安心も満足もしません。良いことが起きて、喜び気を抜いていると、次に悪いことが起きたらすぐに対応できなくなります。ご存知のように人生は苦難だらけです。しかし、その苦難をあたりまえと受け止め、悠々と乗り越えていけるようになった時、本当の意味で人生を楽しめる境涯になったと言えます。

自分の人生を振り返った時、まさに挫折の連続でした。小学校から本格的に始めた競泳では、いつも人より倍以上練習したにも拘わらず、試合になると、あまり練習していない友人に負け、挙句の果てに中学や高校から途中で競泳を始めた人たちにどんどん抜かれていきました。

また、勉強、特に試験はできたことがまったくありませんでした。試験という試験に毎回落ちてきました。高校受験では、滑り止めにしていた学校にすら入れず、大学進学では附属高校にいながら、推薦試験にも落ちてしまいました。どうしても入りたかった大学院の受験では、受験した米国経営大学院（ビジネス・スクール）七校全部に落ち、どこかに入れるだろうと既に渡米していたため、どうしたらいいのか異国の地で途方にくれてしまいました。

米国でコンサルティング会社にやっと拾ってもらったら、その会社に勤務し続けられるための資格、米国公認会計士（CPA）試験に六回も落ちました。これは同社においてワースト記録だと思います。ようやく入れた大学院でも試験では落第点ばかりでした。何度退学させられそうになったかわかりません。私が大学院博士課程を無事終了した時、私のことを知る教授や友人たちは「奇跡の卒業」と言って、喜んでくれました。

日米アジアで出世する人を見てきて、自信をもって言えることがあります。彼らは、良いことが起きても、悪いことが起きても、一喜一憂せず、将来の目標に向かって淡々と努力し続けます。人生山あり谷ありですから、悪いことが起きたからといって、毎回落ち込んでいる暇はありません。

出世のルール

14

スピーディーかつ合理的な意思決定

意思決定の仕方をみると、その人が出世できるかどうかわかります。上に上がれば上がるほど意思決定能力が問われるからです。

意思決定が遅い人、不合理にしている人、自分一人ではできない人、思い込みでする人、不正確な情報を基にする人。そんな人たちは出世できません。危なっかしくて、大事な意志決定を任せられないからです。万が一、任せたとしても、間違える可能性大です。

私が米国で長年顧問をしていた会社の一つに、クラブ・コーポ・インターナショナルという、ゴルフ場運営事業を世界的な規模で展開していた会社がありました。業界トップクラスで、「ゴルフ場ビジネス業界におけるＩＢＭ」と言われていました。その創業者である故ロバート・デッドマンさんは意思決定において天才的なものがありました。

友人の社長さんたちが、彼を「意思決定の天才」と呼んでいたほどです。と言うのは、決めなければならないことがあると、必ず周りのいろいろな人の意見をじっくり聞くのです。

「君はどう思うかね?」「君だったらどうする?」と。

その道のプロから新入社員まで差別なくどんどん聞きます。私もデッドマン会長(当時)個人の顧問を兼任していたことから、彼が何か決めなければならない時に近くにいれば、真っ先に意見やアドバイスを求められました。

「デッドマン会長、あなたは意思決定の天才とまで言われているのに、何か決める時にどうしていちいち皆から意見を聞くのですか? どうしてご自身一人で決めないのですか?」

遂に私はデッドマン会長に聞きました。

「最後は私一人で決めていますよ。ただ、限られた時間内でスピーディーかつ合理的に決めなければならないので、できるだけ間違いないようにしなければなりません。そのため、短時間で一人でも多くの人の意見や考え方を聞いて、最終決定する前に、自身が決めたことの合理性を再度チェックするのです。私の場合、それによって誤解や間違いを少なくし、より正しい意思決定ができることが多かったのです」

「そうするきっかけはなんだったんですか?」

「勤めていた時に、その方法で成果を出し続け『超』出世した上司を知った時です」

出世のルール

15

どんなことがあっても挑戦し続けられる

同じように就職し職場環境は大して変わらないのに、ある人は、何か問題が起こる度に戸惑いイヤになり、その現実から逃げようとします。ある人は、俄然とその問題に挑戦し乗り越えていこうとします。どうしてこの差が出てくるのでしょう?

私は、人生は死ぬまで試練と苦労の連続だと思っています。悩みのない人などこの世にいません。米国にいた頃、個人資産数千億円から数兆円ある五人の大富豪の顧問をしていたので、彼らの思考経路やプライベートな部分もかなり知ることができました。

それだけ大金を持っているのですから、さぞかし幸せに暮らしているのだろうと思いきや、物質的には恵まれていても、精神的にはかなり辛い思いをされていました。経済的に大成功した彼らを通して思いました。「人間は何事にも挑戦する気持ちがなくなったら、成長どころか、後退していく」と。

出世する人は、挑戦意欲が普通の人よりかなりあります。つまり、どんなに成果を出し、昇進したとしても、それだけでは満足しません。最終ゴールがトップに着くことですから、更に挑戦・努力し、もっと大きな成果を出せるよう再度努力を始めます。

以前米国で働いていた、国際会計・経営コンサルティング会社、KPMGやプライスウォーターハウスでも、スピード出世していた人たちは、何事においてもへこたれず、挑戦し続ける根性と気概を持っていました。近くで見ていて、そんな挑戦を続けられる人たちには、「出世オーラ」のようなものを感じさせられました。

案の定彼らはその後も恐ろしいスピードでどんどん出世していきました。しかし、上に行けば行くほど、難題が待ち構えています。実はその難題も昇進すればどんどん問題として大きくなっていきます。当時私の周りにいた、出世できない「負け組」人間たちは、「なんだこの組織（会社）は！　なってないよ！　私一人挑戦し続けてもムダだなあ……」と受け取っていました。それはまったくお門違いで、むしろ逆です。せっかくの昇進の機会を逃しています。大変な状況だからこそ、**評論や非難は止め、未来に向かい、目標実現のために生きていけばいいのです。そんな挑戦し続ける人に結果が出るのは時間の問題です。周りがほっとかないので。**

出世のルール

16

たいへんよくできました

エリート意識を100％捨てられる

米国で大手国際会計・経営コンサルティング会社で働いていた時、日本では信じられないくらいのスピードで出世していたアメリカ人たちがいました。私も外国人としては、スピード出世させて頂きましたが、彼らの出世の速さといったら、足元にもおよびませんでした。

あるアメリカ人「超」出世組の一人が、昨年昇進したばかりなのに、更に一ランク上になったことを紹介していた社内報の記事を同僚と読んでいて、同僚が溜息と共に一言。

「凄いなあ！　多分天才的な能力を持っているんだろうね！」

ぜひ彼の優れているところを学びたくて、私はずうずうしく彼の部署に行き、彼とのディナーのアポをいきなり取りつけました。

「あなたは、会社始まって以来の勢いで出世しているということで、社内外で大変な評判と注目を集めていますが、自身から見てどうしてだと思いますか？」

私は相手がアメリカ人ということもあり、ディナーの初っ端から遠慮なく単刀直入に聞きました。

「私が一流大学・大学院（エール大学、ハーバード・ビジネス・スクール）卒業だからだと思っている人が多いのだけど、私は大学も大学院もギリギリで入れたんだよ。ラッキーだとしか言いようがないよ。そして、大学院も卒業できるかどうかわからないぐらい落ちこぼれていたのに、なんとか卒業でき、こんな一流コンサルティング会社に入れたのも、ラッキーだと感謝している。僕なんて大したことないよ。聞くところによると君は日本の大学を出ただけの外国人にもかかわらず、どんどん昇進しているらしいじゃないか。英語や異文化の中でそこまで評価されるのは、我々アメリカ人にはできないことだよ。何か秘訣があったら教えてくれないか？」

私は愕然として言葉を失いました。世界に十万人以上いるプロフェッショナル・ファームの本社勤務、つまりエリートコースで、記録的速さで出世している人の言葉かと耳を疑いました。これをきっかけに、彼とは大親友になりました。その後、彼はヘッドハントを何回かされ、今、米国大手投資銀行のCEO（最高経営責任者）をしています。

エリート意識を100％捨て切れる人はどこでも出世できるということを痛感しました。

出世のルール

17

よくできました たいへん

蔵の財より心の財が大切

「蔵の財よりも身の財すぐれたり 身の財より心の財第一なり」

これは、座右の銘の一つとして、私が毎日自問自答している言葉です。**「お金や財産より体の健康の方が大事で、更に豊かな心を養う方がもっと大切である」**ことを言っているわけですが、不確実で不安定な毎日が過ぎ去る中、豊かな心を維持することは大変です。

私自身、問題や悩みが先行し、五体満足に毎日無事に元気よく働けている状況やそれを支えて下さっている周りの方々への感謝の念をついつい忘れがちです。本当に未熟です。

独立する前に米国で働いていたコンサルティング会社、プライス・ウォーターハウス（PW、現プライスウォーターハウスクーパース）での上司に、ポール・ウィーバーという四十歳で「超」出世頭のアメリカ人役員がいました。彼はその前に私が働いていた同業他社、KPMGから私をヘッドハントしてくれた仕掛け人・恩人でもあります。

当時KPMGでの仕事や人間関係に十分満足しつつ、数年後に独立するために準備していた二十八歳の私は、彼からの熱心なPWへの転職のお誘いを断り続けていました。あまりに熱心に誘って頂いていたので本当に困りました。最初に声をかけて頂いてから一年近くなった時、もうこれ以上お会いしたりお話してもお互い時間のムダだと考えた私は、断る目的で当時業界から見てとんでもない非常識な「移籍に応じるための条件」を出しました。

とにかくお断りするためのものでしたから、絶対に呑めないであろう条件を三つ出したのです。一つは、当時私がKPMGから頂いていた十分な報酬の倍以上の報酬。二つ目に、日英バイリンガル日本人秘書と有能なアメリカ人エグゼクティブ秘書の二人を若造である私だけのために専属でつける。三つ目は、私のために新しい部署と億単位の予算を準備する。

業界の常識や私の実力をあまりに逸脱していることから、その条件を伝えた瞬間、彼が怒り出すか、即却下することを疑いませんでした。しかし、ウィーバーさんが言いました。

「その条件は、会社としてはまったく呑めません。でも、どうしても君を採りたいので、直接CEO（最高経営責任者）を説得して決済をもらいます！　三日待って下さい」

三日後、CEOから承認をもらったことを彼は大喜びで伝えてきました。その時彼が一言。

「お金なんていくらでも私が稼ぎます。君のような心の人を私もCEOも欲しいのです！」

出世のルール

18

たいへんよくできました

話をする時は自分が一番偉く、聞く時は自分が一番無知だと

経営コンサルタントとして、特に執筆と講演の分野において、昔から師匠と仰いでいる方がいます。現代人間科学研究所の飛岡健所長です。彼は講演をする時、また聞く時の心構えとして次のことを何度か語ってくれました。

「講演する時は、自分がこの場で一番偉いと思って話し、人の話を聞く時は、自分が一番無知だと思って聞くと上手くいきます。そもそもせっかく皆さんが講演者の話しを聞きに来ているのに、遠慮して話をするのは失礼になります。また、せっかく人の話を聞きにきているのに、自分の方が知っていると思い心を閉ざしてしまえば、学べるチャンスを自ら逃すことになります」

飛岡さんは既に110冊以上の本を執筆され、日本を代表する企業の集まりである日本経団連（会館）で三十年近く毎月講演を続け、数々の大物経営者を育て支えてこられた筋金入

りの「超」一流経営コンサルタントです。実は、私は彼の存在を学生時代から知り、特に渡米した後は、彼の著書を使って勉強会をしていました。「いつか彼の下で学べたらいいなあ」と漠然とした夢を描いていました。

今、不思議にも、その飛岡所長と毎月共同で講演会をさせて頂いております。私にとっては有難くも、長年目標としてきた師匠となる人と、プレッシャーを感じながらも一緒に講演させて頂いています。それを感じとられてか、また私から緊張感を取られようとする親心に近い気持ちからか、自分が一番偉いと思って話すよう、飛岡所長はよく言われます。

確かに飛岡所長が言われる通り、講演する時は、年齢・経験・知識・役職・立場など自分より上の人は必ずいます。でも、それで萎縮して遠慮して話せば、説得力のないメッセージとなり、聞いて頂いている方々に失礼になります。話す時は「まな板の鯉」で、いい意味で開き直り、自分の持ち味を出しながら堂々と語った方が、聞いて頂いた方々から感謝されます。

出世する人は、不思議とこのことを身につけています。誰に教わったわけでもなく、自ら悟り実践しています。そのため、出世する人は、コミュニケーションや人間関係マネジメントにおいて極めて優れています。

出世のルール
19

たいへんよくできました

いつもポジティブな言動を

悪いニュースを聞いて、同じ人間なのにどうしてこんなに受け止め方が違うのだろうと驚かされます。特に自分にとって最悪の情報を得た時に、どう思い、どういう言動をとるかでその人の人間としての器が測れます。

どちらかというと、他人の力を当てにして生きる「他力本願」型の人は、自分にとって悪いニュースを聞くと、動揺し怒り嘆き落ち込みます。「なんでよりによって自分にこんな不幸なことが起こるの？　この世に神様・仏様はいないの！」と他人や世間を恨みます。

ところが、すべては自分が起こした結果で責任は自分にあると考える「自力本願」型の人は、悪いニュースを聞くと、「ほらほら来たぞ！　すべては自分がしたことが原因で結果となって現れているから、まず逃げずに真っ向から対応・解決し、これからは良くなる原因を作っていくぞ！」と極めてポジティブに解釈・対処します。

この受け止め方や気持ち、更に対応の仕方の違いは、生まれ育った環境にかなり影響を受けているのです。従って、変われと言われても、簡単に変わることはできません。

世の中で出世していく人は、この「自力本願」型の人間なのです。つまり、環境や結果に一喜一憂せず、**「失敗も成功のもと」**としてポジティブにとらえ、更に大きく成長していく人です。

ある会社に、自分ではまったく仕事で成果を出せないのに、他人や他社の評論や批判ばかりしている人がいました。彼は、自分に良いことが起こると有頂天になり、悪いことが起こると環境や他人の責任にする非常に卑怯な人でした。彼はその前にいた有名外資系金融企業でも、そのような態度が問題で結果的には会社から実質クビになったのです。そのことも彼は前の上司の責任だと、絶えず文句を言っていました。結局彼は、自分の意思でその会社から去っていったのですが、新たに勤めた先でも同じようなこと繰り返し、またクビになってしまいました。

短い人生で、どうせ生きるなら外部環境に振り回されることなく、ポジティブに生きたいものです。出世する人はそもそも忙しくて、他人や他社の評論や批判などしている暇がありません。ポジティブに生きていれば、上司や先輩はあなたのことを感謝・評価するでしょう。

出世のルール

20

健康第一

たまたまなのかも知れませんが、スピード出世し前途を嘱望されていた中学時代の友人の内、一人は最近突然病気で倒れて会社を辞め、一人は亡くなりました。

彼らは頭が非常に良く、いわゆる一流高校・大学を優秀な成績で卒業し、一流企業に就職したエリートです。入社以来、二人とも出世頭で、会社からもかなりの期待があったようです。私生活も犠牲にし、すべてを仕事に賭けてきた彼らでした。共通点は、健康に無頓着だったことで、倒れる前から、既に身体上の障害が出ており、家族も心配していたとのこと。それでも更なる出世を意識し、無理して働き続けました。

何事にも「健康第一」です。これはあたりまえのことですが、仕事に邁進している時は、ついつい忘れがちで、わかってはいても、忙しくてなかなか守れなくなっています。

せっかくどんどん出世したとしても、健康上無理し、ある日突然倒れたとしたら、それま

での努力が水の泡です。仕事・健康・家庭・趣味などバランスよくこなすことが長期的な成功に繋がるのです。

米国で経営コンサルティング会社、KPMGやプライス・ウォーターハウスで働いていた時、若くして役員になったアメリカ人上司たちはこの点見事でした。仕事の生産性・質が高い上、家庭・健康・趣味・遊びなどすべてにおいて、バランスよくこなしていました。

新卒で入社したKPMGでの私の直属の上司、ビル・ヒビットさんも、ハードワーカーでした。入社後、彼はすぐに結婚し、まず公認会計士（CPA）試験に一回の受験で合格。その後、ロー・スクール（法律大学院）に通い、弁護士の資格と法学博士号も取得。

驚くべきことに、その間、早朝から仕事をバリバリこなした上で、健康のための毎日のエクササイズと毎週末のクライアントとのゴルフもほぼ欠かしません。更に、家庭サービスには最も気を使い、出張以外の時はほとんど家で夕食をとられていました。

何事においても生産性が高いヒビットさんだからできたのかも知れませんが、出世するアメリカ人上司たちは、似たり寄ったりで、「モーレッツ・ビジネスマン」です。

「健康を維持できた人が最後には勝つ!」これは、ヒビットさんの口癖でした。

出世のルール
21

見返りを考えずにお手伝いする

私は、ことある毎に「ギブ・アンド・ギブ・アンド」の大切さを説いています。ポイントは、「親の愛情のように見返りを一切期待せず、徹底的に人の相談に乗り手助けしてあげること」ですが、これがなかなか簡単にはできません。でも、これらを実践している人はいます。

頭で理解できても、これを実践するとなると、ともすると物質主義や自己中心主義になりがちな自分と厳しい戦いをしなければなりません。しかし、一度これを真剣に徹底的に実践した人は、「ギブ・アンド・ギブ・アンド・ギブ」、つまり見返りを考えずにお手伝いをし続けることが、どれほど自身を幸せにしてくれるかよくわかるはずです。

見返りを考えずにお手伝いすると、周りにあなたのファンが増え、気がついたら、多くの人があなたを尊敬し、慕い、応援してくれます。あなたのために何かしたくて、周りの人はあなたのことを放っておきません。それを実践していれば、部署で誰かを昇進させなければならない場合、上司を含め、周りの人は、真っ先にあなたを推薦することでしょう。これを人は、「人望が厚い」とか「面倒見が良い」とか「人徳がある」とか言います。

出世のために、人のお手伝いをしようとすると、不思議なもので、その言動からすぐその魂胆がバレてしまいます。どこか恩着せがましくなり、かえっていやらしく、手伝われたほうは気持ちが悪くて素直に喜び感謝できません。

米国にいた際、五千人のメンバーを有する非営利組織（NPO）のリーダーをしていました。社会で悩み苦しんでいる様々な人々を支援する組織です。ある時、エイズで死にかかっている男性のところに行って激励することになりました。メンバーは、うつったら怖いとか、激励の仕方がわからないとかで、誰も行きたがりません。その時、ある一人の男性が立ち上がり、ぜひ行かせて欲しいと言うのです。

その人は、それから五年後に世界最大級の石油会社のCEO（最高経営責任者）に大抜擢されました。実は彼は当時違う会社に勤めていたのですが、彼のその勇気ある言動が伝説となり、様々な会社から講演を依頼されるようになりました。そのうち、講演先の一社であるその石油会社にヘッドハントされたのです。ただただお手伝いしたかった彼もビックリです。

出世のルール 22

自分以外皆先生

「自分以外皆先生」

これは、松下電器産業創業者で、「経営の神様」と言われた故・松下幸之助さんがよく言われたそうです。リーダーになる人は、皆肝に銘じるべき言葉でしょう。

私の経験から判断して、伸びる人は自然にこのことを実践しています。学ぶこと、人間的に成長することにハングリーだからです。

同じ人間であるのに、ある人は他人、特に上司や同僚に関する評論や批判ばかりしています。妬みや嫉妬で生きている人です。ある人は、少しでも学ぼうと、周りの人の良いところを一生懸命把握し真似しようとしています。

この心がけの差は、最初は小さいのですが、時間と共に境涯という観点から大きな違いになります。出世し続けられる人はそういう人です。

謙虚に一生懸命学んでいる人に対して、周りの人は敬意を抱き、応援をしたくなるものです。また、高く評価し、一緒について行きたくなるものです。

ただ単に頭がいい人と「自分以外皆先生」と本音で思い、言動している人は、出世の観点からも大きな差がつきます。騙されたと思って実践してみて下さい。効果抜群です。

私が米国で独立する前に働いていたコンサルティング会社に、「自分以外皆先生」を本音で思い、実践していたポール・ウィーバーというアメリカ人上司がいました。彼は、私を含め部下に会う度に、まず最近問題となっていることや、現場で困っていることを聞いてくるのです。

他の上司は我々に会うなり、一方的に話し続け、お説教や自慢話をします。ウィーバーさんはとにかく、我々若手に教えを請うのです。

そもそも彼は上司であるため、私は「親しき仲にも礼儀あり」で、できるだけ慎重に彼から学ぶ姿勢を一貫して通しました。本音で出世頭、ウィーバーさんから学びたかったのです。

ウィーバーさんは四十歳という若さで、数少ないPW本社の戦略会議メンバーに選ばれました。周りの人々は、彼が将来PWのCEO（最高経営責任者）になると信じています。万が一、彼がそのトップの座につけなくても、実力があるのでどこでも通用するでしょう。

出世のルール

23

あいさつの達人

「出世する人は本当にあいさつが上手な人が多いですね！　感心します」

あいさつの達人である上場企業の社長さんから、突然言われました。確かに私が知る限り、出世してきた人は、あいさつがなぜか上手です。特に声、話す速さ、お辞儀のタイミングなど見事な人が多いのです。そして、彼らがあいさつする時の笑顔は素敵で魅力的です。そもそも元気な人たちなのですが、あいさつする時は更に元気を出します。

渡米して最初に働いたコンサルティング会社、ＫＰＭＧに、私の上司の上司で、デイビッド・クーゼンバーガーというアメリカ人取締役がいました。彼は、本社役員の中でも数人しかなれない経営戦略会議メンバーの一人で、全社的な国際部門のトップでもありました。社内でも大変な影響力を持っており、彼が承認すればほとんど何でもできる、つまり、ＣＥＯ（最高経営責任者）に近い権限を持っていました。

クーゼンバーガーさんは、ＫＰＭＧでは珍しく三流大学出身者でした。そのため、本来なら彼のようなバックグランドの人は、あまり上まで行けないのですが、彼は「超」スピード出世をし、四十二歳で取締役になってしまいました。それは、ＫＰＭＧでは異例中の異例で、社内外でも、彼は実力派の若手として注目の的になりました。

たまたまクーゼンバーガーさんの部屋と私の部屋が隣り合わせでしたので、毎朝のように私の部屋の前で彼に会うのです。その際、彼の方からニコッと笑みを浮かべながら、元気よくあいさつをしてきます。そのあいさつは、いつも心のこもった素晴らしいものでした。

私のような新人からしてみると、雲の上の存在である上司の彼から、朝あいさつされた日は、一日中うきうきし嬉しくてたまりません。ある朝、いつものようにあいさつをした後、クーゼンバーガーさんに聞いてみました。

「どうして、そんなに素晴らしいあいさつができるようになったのですか？」

「あいさつで人をポジティブに変えたいと思い、誠心誠意あいさつできるまで何度も何度も練習しました。そして、**あいさつがちゃんとできるようになったら、周りの評価も上がり、出世し始めました。あいさつのお陰で私はここまでこれたのだと確信し、感謝しています」**

出世のルール

24

ＩＴをフル活用しよう

高校生の頃、将来独立して商売することを決めました。頭がけっして良くないので、サラリーマンになっても、出世できないと思ったのです。ただ、具体的に何の商売をしたらよいかわかりませんでした。

商売するなら大学に行く必要がないのではないかと思いました。というのは、尊敬している大経営者、故・松下幸之助さんは大学に行かずに、松下電器産業を創業し、世界的な企業に育てあげたからです。ただ、両親を始め、様々な人に相談したところ、大学は出ていた方がいいと言われました。

私からすると、一流企業に就職するわけでもないので、時間とお金と労力を使って、四年間も大学に行くのはムダなような気がしてなりませんでした。悩んだ結果、お会いできるかどうかわからなかったのですが、その道の大家である松下さんに聞いてみることにしました。

高校生の分際で、何のコネもないのに、天下の松下幸之助さんに会おうという突拍子もないことを考えたわけです。

今なら恐れ多くてとんでもないことですが、何も知らない怖いもの知らずの高校生だったからできたのでしょう。何度も何度もアプローチしているうちに、遂に幸運にもお会いすることができました。松下さんは、率直に語って下さいました。

「貧しくて体が弱かったから、高等教育受けられへんかったんや。これからは、高度技術を駆使した情報化と国際化の時代や。商売やるにも、行けるんやったら大学行って、コンピュータや英語ぐらいできへんやったら、成功できへんで。昔と時代がちゃうわ。若いんやから頑張り！」

彼のそのアドバイスで、大学に行くことに決めました。その後、高校三年生の夏休みに、米国でホームステイする機会を得、それがきっかけで、国際経営コンサルタントになることを目指し始めました。そのため、米国の経営コンサルティング会社で十年間修行し、その間、できるだけ出世しようと努力しました。米国でしたので、英語は必須でしたが、**生産性が絶えず問われましたので、ＩＴ（情報技術）がフルに使えるかどうかが、出世においてかなり大事な評価ポイントになりました。**

出世のルール
25

何もない時にどうするかが勝負

その人の本当の力や将来性は、何もない時、即ちお金・人脈・実績・信用・役職・立場などがない時代に、どうするかでわかります。要するに、裸の人間として、どのくらいできるかです。それは「人間力」と呼ばれている部分です。

何もない時、人は二つの極端な発想をします。一つは、何もないのだから何もしないでおこうとする発想です。もう一つは、何もないからこそ何か素晴らしいものを作ろうとして頑張る考えです。

前者の発想をする人は、受身でハングリー精神がないのでまず出世はできません。競争や出世に大切なことは、積極性とハングリー精神です。良い意味での競争心や負けん気がないと、人より努力できません。

良い意味と言ったのは、人を蹴落としてまで、出世競争に勝つということではなく、チームの一員として協調・協力しながら、自分の良さや強みを出し、苦手の部分も上手く補っていく中で、結果として評価・感謝されることです。出世のために強引に何かするのではなく、あくまでも結果論です。

後者の発想の**「何もないから何かを作ろうとする」ことは、出世の第一歩のステップです。最初から何かを持っている人はおらず、何もないところから始めなければなりません。その時、ハングリー精神でどんどん積極的に言動できるかどうかで、その後の大きな違いを生む決定的な要因になります。**

私が米国で働いてきた大手国際会計・経営コンサルティング会社では、出世した人は例外なく、何もない時に自分から進んで積極的に行動していました。何もないのですから、かえって失うものがなく、大胆に堂々と会社のために一生懸命努力・貢献していました。その姿を高く評価されたこともポイントになって出世できたのです。

ただ、出世目的のためにそうしていたわけではなく、純粋に会社に貢献したい、プロフェッショナルとして一日も早く実力をつけ、上司やチームの戦力になりたいという純粋な気持ちからです。その姿を上司や周りの人は評価します。

出世できる人は、何もないからこそかえってファイトが出て頑張れる人です。

出世のルール

26

いつも「獅子奮迅の力」で

「獅子王（ししおう）は前三後一（ぜんさんごいち）と申して・あり（蟻）の子を取らんとするにも又たけ（猛）きものを取らんとする時も・いきを（勢）ひを出す事は・ただをな（同）じき事なり」

これは仏教における有名な文言で、「ライオンが小さい小さい蟻の子を取ろうとする時も、大きな猛獣を取ろうとする時も、三歩進んで一歩下がるという、同じ慎重さで気を抜かず勢いよく立ち向かっていくこと」を意味します。一言で「獅子奮迅之力（ししふんじんしりき）」、つまり「獅子奮迅の力」と言います。

出世する人もこの「獅子奮迅の力」の精神を持って仕事をしています。**つまり、どんなことにも手を抜かず、いつも全力であたっています。**コピーする時も、ホッチキスで書類をとめる時も、「獅子奮迅の力」で行います。実は私はこの「獅子奮迅の力」を実践することがどんなに出世に役立つかを体験しました。私は日本の大学を卒業し、大手国際会計・経営コンサルティングのニューヨーク本社に実力もないのにお情けで採用してもらいました。英語はできず、専門能力も経験も知識もない中、奇跡的に雇って頂いたのです。

採用後、上司や先輩たちも、あまりに私が仕事ができないので困っていました。雇ったはいいが、使いようがないのです。何をやっても間違えたり、最後まで終えられないのです。私はこのままでは、出世どころか、クビになるのは時間の問題だと毎日実感していました。

「どうせクビになるなら、できることはすべてやり、また上司や先輩の優れたところを徹底的に盗んで自分のものにしよう!」

私は決意しました。何でもさせて頂くことを。それからというもの、「獅子奮迅の力」で、便所掃除からコピーから本当に何でもしました。それを続けていたところ、段々上司や先輩たちから信頼され、「あいつに頼めば何でもやってくれる。助かる存在だ」と当てにされるようになりました。そうこうする内に、英語力も専門能力も段々ついていきました。

ある日、私は上司に呼ばれました。「遂にクビか…… でもよくここまで雇ってくれたなあ」

しかし、信じられない言葉を上司から聞きました。

「よくやってくれた。その真剣な努力を認め、君を来月からマネージャーにします」

出世のルール 27

いつでも誰にでも謝れる大きな心を

米国で起業・経営コンサルティングをしていた頃、何人かの起業家・大富豪の顧問をさせて頂きました。その一人に、ゴルフ場運営業として世界最大級の会社、クラブ・コーポ・インターナショナル（ＣＣＩ）を創業した故・ロバート・デッドマンさんがいました。

彼はクリントン前大統領同様、アーカンソー州の貧しい家庭で生まれ育ち、苦学して弁護士の資格をとりました。最初に勤めた大手弁護士事務所では、数年でトップ（シニア・パートナー）になり、「ミスター立身出世」と言われたそうです。

サイド・ビジネスとして始めた、ゴルフ場運営業が大成功し、あまりの忙しさで弁護士を辞めて専念せざるを得なくなりました。それからＣＣＩは脅威的成長を遂げ、私が顧問をお引受けした時には、彼の総資産額は、既に一兆円近くになっていました。

ＣＣＩは、いつしか「ゴルフ業界のＩＢＭ」と言われ、デッドマンさんも、「米国で最も影響力のある起業家・大富豪の一人」に選ばれるようになりました。苦労して成功した分、彼は感謝の意味で社会貢献活動を重んじ、大学・美術館に百億円単位で寄付するのです。自ら大型病院「ロバート・デッドマン総合病院」や医療施設を作ったりもしていました。

デッドマンさんが寄付した資金で、テキサス州ダラスにある私立サザン・メソジスト大学が新校舎を建てました。その竣工祝賀式典に彼と参加した時のことです。式典が終わるなり、一人の学生が飛んで来てデッドマンさんに言いました。

「デッドマン会長！　あなたの奨学金のお陰で無事卒業できそうで、大手投資銀行にも内定しました。本当にありがとうございます！　会長は、大手弁護士事務所で記録的な出世をしたと聞いております。どうしたら、僕もそうなれますか？」

「いろいろあるけど、私の場合は、**とにかく素直にみんなの言うことを聞いてきました。たとえ、自分に非がなくとも、いつでも誰にでも謝れる大きな心を持ちなさい。そうしたら、人生悠々と生きていけるし、出世も含めてすべてが上手くいくよ**」

その言葉を聞いて、昔、日本企業T社とCCIとの合弁で失敗したことを思い出しました。責任はT社にあったにもかかわらず、和解交渉でT社社長と会うなり、いきなりデッドマンさんは土下座をしたのです。交渉の仲介をしていた私も度肝を抜かれました。

出世のルール
28

人の悪口は出世を妨げる

私が、米国でヘッドハントされて、プライス・ウォーターハウスに入った際、とても優秀な先輩Iさんがいました。仕事は正確で速いし、スピーチやプレゼンは要領よく説得力もあり抜群でした。つまり理論家です。

Iさんは、マサチューセッツ工科大学（MIT）経済学部を特待生で出た後、ハーバード大学経営大学院（ビジネス・スクール）でもトップクラスの成績で卒業しました。

しかし、同期入社の人々はどんどん出世していくのに、彼は五年前に入社して以来役職が変わりません。不思議でしたので、ある上司に聞きました。

「あんなに仕事ができるのに、どうして、Iさんは今まで昇進してこなかったのですか？」

「実は上司を含め彼の周りの人々はI君を信用していないんだよ。だから評価が悪過ぎてとてもリーダーにはさせられないのだよ」

「なんでIさんは信用されていないのですか？ ちゃんとしてそうに見えますが……」

「I君は、他人や会社に対して不満ばかりで、本人のいないところで、その人の悪口をいろいろな人に延々と言うんだ。聞いている側からすれば嫌気がする。自分も陰で言われているのだろうと思うと、相手するのもイヤになる。とにかく彼みたいな二重人格者をリーダーにしたら、誰もついてこなくなる。そのうち自分から会社を辞めるでしょう。でも、よく五年もいたよなあ…… 再就職先がないのかなあ？ 俺だったら辞めるけどなあ……」

そう言われれば、経営コンサルタントという仕事柄、様々な企業に行った時、Iさんのように仕事はそこそこできるが、出世しないタイプの人に会います。困るのは、本人に自覚がないことです。そういう人は、会社を転々とします。最後には、Iさんのように行き先がなくなるようですが、本人にとっても、会社にとっても、それは不幸なことです。

その場合、人格を持った人間としてではなく、機械やロボットとして、周りから見られ、会社からそのような待遇を受けます。

人の悪口を言う人には三つの共通点があります。一つは、悪口を言うほど暇なのです。次に、相手の気持ちがくみ取れない、つまり無神経なことです。そして、割と頭はいいのですが、作業はできても、本当の仕事はできない。人間的な魅力はなく「被害妄想」者です。

出世のルール

29

たいへん よくでき ました

「有難い」は「難が有る」ことへの感謝

先日、友人の会社の創業十周年記念感謝の集いに参加した際、来賓のお一人が、あいさつで面白いことを言われました。

「みなさん、『有難い』ということは、『難が有る』ということです。つまり、難が有ることは感謝すべきことなのです・・・」

なるほど！ これは、出世する人の考え方と同じです。**出世できる人は、問題が起きることを有難く思います。その難を乗り越えれば、力もつくし人間的にも成長できるからです。逆に難がなければ、いつまで経っても、能力もアップしないのです。**

そのため、難が有ることは、人間的成長や実力をつける観点からはとても良いことなのです。感謝すべきことです。でも、ほとんどの人はそのようには、受け取れません。

通常、人は、難、つまり問題が起これば、「なんでこんな難問私に起こるの？ 不公平だ！

神様・仏様！」と嘆きます。これは出世できない人の考え方です。出世できる人は、挑戦が好きです。問題が起こると、逆にファイトが沸いて俄然頑張り始めます。

人生山あり谷ありです。良いことが起こることもあれば、悪いことも起こります。良いことは楽しいので、すぐに忘れてしまいますが、悪いことは起こっている間、苦しいのでとても長く感じ、なんとか解決した後も、辛かった思い出としてなかなか忘れられません。

「大悪起これば大善来る」

私が、生きる指針にしている言葉です。「大きな難が来てもそれはあなたへのテストみたいなもので、諦めずに乗り越えれば、その後大きな良いことが来る」のです。

今までの人生を振り返って何度もこれを経験しました。もうダメだと思って諦めかけるのですが、この言葉を思い出し、もう一度踏ん張って頑張ると、その後ビックリするような、良いことが起きてきました。

何度もクビになりかかったにもかかわらず、結果的には独立するまでの十年間雇って頂いただけでなく、能力も実力もないのにスピード出世までさせて頂きました。勤めていた時も、毎日のように難が起こっていました。しかし、絶対に諦めずに、最善を尽くしてきました。

それが、出世も含めてすべてにおいて、好転してきたポイントだと今でも確信しています。

出世のルール

30

出世する人は叩かれる

ある時、大手企業でスピード出世してきた最年少部長さんから相談されました。

「周りの人に気を配りながら、一生懸命仕事をしてきたつもりなのですが、私は同僚や部下たちから、陰でいろいろ非難されているようで、それを聞きつけてきた上司から何とかするように言われました。それで、一人ひとりに聞いてみたのですが、みんな私に不満はないと言うのです。どうしたらいいですか?」

実は、米国で経営コンサルティング会社を経営していた時、似たような相談を何度もされました。最初は私もどうアドバイスしたらよいのかわからず、先輩経営者やコンサルタントたちに相談しました。そしたら、みんな次のようなアドバイスをしてくれたのです。

「あまり気にすることはありません。実力のある人、出世できる人によくあることです。もし、仕事の上でどんどん成果を出し、出世していけば、間違いなく周りの人から叩かれます。

目立つからです。実力のない人、また成果を出せない人は、職場には必ず一人や二人います。彼らは、妬み焦りも手伝って、できる人のことを良く思いません。逆に悪く言います。そうやって、自分を慰め正当化するのです。ただ、そんなことは、事実無根ですから、見る人が見れば、すぐにわかります。**謙虚に周りの人に気を配り、立てて仕事をしていくことはあたりまえですが、心無い人の妬みや噂に振り回されることなく、会社や組織のために、堂々とやるべきことを今まで通りしていけばいいのです**」

なるほど、年齢・性別・学歴・国籍など問わない実力主義の米国でさえ、成果を出している人は、目立つので叩かれます。まして、「出る杭は叩かれる」国、日本では、叩かれるのは当然のことです。極端な話ですが、世界的に大きなことをしてきた人は、やっている最中は必ず叩かれてきました。それも、人格を否定されるような凄まじい非難・中傷を受けてきました。亡くなったら、「あの人は凄かった」「偉業を成し遂げた」などと急に評価されます。

人の噂や妬みなどに振り回されることなく、堂々と生きたいものです。言いたい人には言わせておきましょう。自分のことは棚に置いて、人の非難・中傷ばかりしている暇な人には、「原因と結果」の法則で、突然クビを切られるなど、必ず厳しい天罰が下ります。

出世のルール
31

企画提案力をつけよう

出世できる人とそうでない人の大きな違いの一つに、企画提案力を持っているかどうかがあります。

企画提案力とは、新しいことを企画し、実現可能な案として会社や組織に提案できる力です。よく、とても変わった新鮮な企画案を出す人がいますが、実現可能な案でなければ、「絵に書いた餅」になってしまい、検討することがムダになってしまいます。評価も落ちます。

今までにないようなユニークなアイディアであることは大事です。ただ、そんなアイディアは結構あり、それが実現可能であるかどうかがポイントです。実現可能な企画を提案できる人は、会社や組織にとってとても有り難い存在です。大事な人材です。私の日米アジアでの経営コンサルティングの経験から、そんな人は間違いなく出世できます。そのような企画提案力がある人は、とても前向きで絶えず新しい現実的なアイディアを模索しています。

逆に、企画提案力のない人は、新しいことに挑戦する気がない人です。どんな人でも、真剣に考えに考え抜けば、実現可能な企画は出せます。出せないことを、センスの問題だと片つける人がいますが、私はそうではないと思います。センスより、努力の問題です。悩みに悩んで考え抜けば、必ず良いアイディアは浮かびます。

ただ、そのアイディア通りすると失敗するかもしれません。失敗は大いに結構です。そんな失敗があるからこそ、心有る人はその失敗から学び、次の企画とその成功に繋いでいけます。失敗なくして成功はありません。つまり、失敗しない人には成功はあり得ないのです。

それでは、企画提案力をつけるためにはどうしたらいいのでしょうか？　**会社や組織をどうしたら良くなるかをいつも前向きに考え、模索することです。人間、前向きに考えれば必ず良いアイディアは出てきます。出てこない理由は、その人が、ネガティブで人や組織の評論や批判ばかりしているからです。**

会社や組織にとって企画提案をしてくれる社員ほど有り難い人はいません。たとえ成功しなくても、そのくらい前向きで会社や組織の将来のことを考えてくれていること自体、上司からの評価が高くなります。ぜひ、出世のためにも、企画提案力をつける努力をしてみて下さい。努力と言っても、毎日一つでも新しいアイディアを出すようにするだけです。

出世のルール 32

何事もシンプルに

出世する人は仕事ができます。普通の人より仕事ができます。なぜ人より仕事ができるかというと、能力もさることながら、何事も整理しシンプルに考え、シンプルに実行するからです。

人間は非常に繊細で、複雑怪奇なところがありますが、最後はとても単純に考え単純な言動をとります。複雑に考え過ぎると、かえってわけがわからなくなり、間違った解釈や意思決定をしてしまいます。もっとわかりやすく言うと、最後は自分に合うか合わないか、好きか嫌いかで決めます。

複雑そうな諸問題でも、シンプルに考えると、本当の大きな問題点は一つや二つであることがわかります。従って、その中心的な一つや二つの問題点さえ見つけて解決すれば、残った諸問題もほとんど解決されます。なぜなら、本当の根本的な問題は人間関係にあり、その

人間関係の問題さえ解決すれば、後は自然に周りの人間が解決してくれるからです。

私が顧問をしていたある大手商社の話です。入社五年目でチームリーダーをしている社員が嘆いて言いました。

「うちの課は、ないものづくしだ〜 売上、利益、使える予算、組織の規模、人材、やる気、生産性、融通性などどれをとっても他の部署に劣る！ 何でだ！」

確かにないものばかりかも知れません。しかし、よく考えてみて下さい。一番根本的な問題は何でしょう？ メンバーにやる気がないことです。そのため、その課の課長さんにお願いしました。

「課のメンバーがやる気を出せるすべてのことをみんなでブレーンストーミングし、効果が上がりそうな順に次々実行してみて下さい。必ずなんらかの結果は出ます」

すると、徐々にやる気が出、生産性と融通性が高まったのです。そして、半年後には売上と利益が増え、翌年の予算も増えました。従って、人材も増やし、組織の規模も拡大。

課のメンバー全員がやる気を出したお陰で、問題のほとんどが半年で解決してしまいました。実は、ブレーンストーミングを通し、みんなで意見を出し合いながら協力して問題解決することは私のアイディアではなかったのです。出世頭である他の課の課長のでした。

出世のルール

33

必死ではダメ

友人の紹介で知り合った、ソフトブレーン株式会社代表取締役会長の宋文洲さんと親しくさせて頂いております。

彼は中国山東省で生まれ、中国の東北大学を卒業しました。難関の政府留学試験に合格し、北海道大学大学院で博士号を取得。不幸にも帰国を天安門事件で断念し、札幌の小さな会社に就職しましたが、二ヵ月後にその会社が倒産してしまいました。しかたなく、学生時代に開発した土木解析ソフトの販売を始めたところヒットしたため、二十八歳でソフトブレーン社を創業。外国人（中国人）というハンディー・キャップを乗り越え、二〇〇〇年十二月に東証マザーズ、二〇〇五年六月には東証一部上場を果たし、同社を業界最大手にしました。

それだけで彼は終わりません。創業者である宋会長が自分の持ち株を村上世彰さん関連のファンドに譲渡し、村上代表をソフトブレーンの社外取締役に迎え入れたことで、世の中を驚かしました。それもそのはず、上場企業は皆、いかに「村上ファンド」から自社の株を買われないようにするかで、日々戦々恐々として、その防止策を研究していたからです。

宋会長はまさに絵に描いたような立身出世の人です。苦労されたためか、とても気さくで、しかし、相手のためになると思えば、遠慮なく問題点を指摘します。

先日も、弊社主催のセミナーに講師としてお話をして頂きました。その時の次の言葉が忘れられません。

「ほとんどの日本人は必死に働くことは良いことだと思っています。とんでもないことです。必死とは『必ず死ぬ』と解されます。ですから、必死に働くとは、必ず死ぬくらい働くということで、成果は関係ないことです。仕事で大事なことは、プロセスと成果です。必死かどうかは関係ありません……」

「なるほど！　言われる通りだ！　必死に仕事しても成果が出なければ、評価はされないなあ……」

私はそれまでの仕事の仕方を反省しました。**必死にやっていれば、その雰囲気で周りの人はそれなりに評価してくれるだろうという日本的な甘えを持っていました。プロフェッショナルとしては、むしろ要領良く短時間で大きな成果を出す方が大事なのです。**

出世のルール

34

出世する人は整理上手

私は独立するまで、米国で二社のコンサルティング会社に計十年間勤務しました。ＫＰＭＧとプライス・ウォーターハウス（ＰＷ）という会社で、世界中に十万人以上の会計・財務・税務・経営・システムのプロを抱えている専門家集団です。

その間、主に四人のアメリカ人上司に仕えました。ＫＰＭＧ社では、ビル・ヒビット（シニア・パートナー兼国際部門最高責任者）、デビッド・クーゼンバーガー（シニア・パートナー兼取締役兼経営戦略会議メンバー）、ＰＷ社では、ウッドリン・グロスマン（シニア・パートナー兼ヘルスケア・ビジネス部門最高責任者）、ポール・ウイーバー（シニア・パートナー兼執行役員兼経営戦略会議メンバー）の諸氏です。

彼らにはいくつかの共通点がありました。誰もが知っていることでは、四人とも超スピード出世し、若くして経営メンバーになったことです。部下として仕えたので、かなり細かいところでの彼らの共通点を多く発見しました。

その中で、特に感心したことがあります。それは、彼らが素晴らしく整理上手なことです。正確に言いますと、心していつでもどこでも瞬時に整理整頓されていたことです。

当時は、人に見られることからそうしていたのだと私は思っていました。しかし、振り返ってみると、私自身も今チャレンジしているのでわかったのですが、彼らがそうしていたのは、仕事の生産性のためだったのです。彼らは超多忙で、国内外にいる人たちとの電話会議、またスタッフやクライアントとの面談が分刻みでありました。いつも同時に何十もの仕事を抱えており、電話一本で瞬時に違う仕事に取り掛からなければなりません。

従って彼らは、社内外からの問い合わせに常にスピーディーに対応するため、完璧に書類の管理をしようと努力していたのです。**一つの仕事が終わるやいなや、あっという間に合理的に片づけ、その関係書類を正確にファイルします。さっきまで書類の山だった机の上は、綺麗になります。まるで、仕事をしていない人の身の回りのようにです。**

そんな癖が彼らには身についていましたので、書類がなくなったり、どこにあるのかわからなくなるようなことはまったくありませんでした。やはり出世する人は違いますね！

出世のルール
35

時間管理のプロに

米国や中国でスピード出世する人の時間管理は凄いものがあります。おそらく、両国とも国土が大きいので、日本以上に移動に時間がかかるため、限られた時間内で手際良くスピーディーに仕事をこなさなければならないからではないかと思っています。

私が米国で勤めていたプライス・ウオーターハウスでの上司の一人であり、社内でも出世頭として有名だったウッドリン・グロスマンさんは、時間管理のプロ中のプロでした。彼は同社で、若くしてヘルスケア（病院や医薬品関連）コンサルティング部門のトップになりました。そのため、全米に散らばる数多くのクライアントとの会議のため、毎日のように飛行機で移動していました。

移動中グロスマンさんは、私に電話をし、いろいろな仕事の指示を出します。ニューヨーク、フィラデルフィア、ワシントンDC、マイアミ、シカゴ、デンバー、ヒューストン、シアトル、ロサンゼルス、サンディエゴ等々、グロスマンさんは毎回違うところから私に電話してきます。その指示の出し方が見事でした。まず、仕事の目的を最初に言います。そして、そのためにいつまでに何をすればいいのか、また、質問があれば誰に相談すればいいのかなどかなり具体的かつ細かい説明をした後、再度確認のため私がやるべきことをポイントとして話してくれます。そのため、私も、彼の指示を間違えることはまったくありませんでした。

一番感動したのは、彼のご長男が重度の身体障害者であるため、土日や祭日はできるだけ家族と過ごされていたことです。それを奥様はとても感謝されていました。仕事だけでもとてつもない量をこなしておられましたが、私や他の部下にもとても気を使われ、時間を作っては食事に誘い我々の相談に乗ってくれます。

彼は、我々と会議した際は、誰がいつまでに何をするか、またどのタイミングでその進捗状況をチェックし、その時点で問題点があればどうするかを具体的に素早く決めていきます。また、物事を決める際は、まず我々部下の意見を聞き、受け入れようと努力されていました。

ある時、グロスマンさんにどうしたら彼みたいに時間管理のプロになれるかを聞きました。ポイントは、**早朝にその日一日の綿密なスケジュールを立て、その後三十分おきにスケジュール通りできているかをチェックするとのこと。私もその通り実行したら効果抜群でした。**

出世のルール
36

積極性がない人は伸びない

同じように生まれて教育を受けてきたのに、出世する人としない人がいます。いつもこの差は何だろうと考えていました。それで、周りで出世している人たちをずっと観察していたら、ある時、それが何であるか悟りました。一言で言うと、積極性なのです。

皆さんも、周りでスピード出世している人がいたら、その人をよく観察してみて下さい。彼らは間違いなく積極的です。それも徹底しています。

私も独立する前に米国で会社勤めをしていた時、どんどん出世させて頂きました。でも、仕事ができたからでも、能力があったからでもありません。出世できた最大の理由は、幸運にも有能で実力のある上司につけ、上司がどんどん出世したため、私もセットで出世させて頂いたのです。つまり、有難くも、上司が私のことを引き上げてくれたのです。

それで、どうしてその上司が私を部下に選んでくれたか考えてみました。能力から見れば私はチームでビリだったと断言してもいいくらいダメ社員でした。上司が私を最大に評価してくれた点は、いつも何事においても積極的だったからです。

会社や上司のためになると思えばどんどん提案しました。そのほとんどは、すぐには実行不可能なことでしたが、彼はその積極性を非常に喜び、提案する毎に感謝してくれました。私は上司を喜ばしたくてさらに積極的に提案し何事にもチャレンジしました。

また、わからないことがあれば、積極的に上司や先輩に遠慮せずどんどん聞きました。出世は消極的な人には縁がありません。まず、動いて行動で示さないと誰も評価してくれません。パフォーマンスではなく、動かないと成果も出ないのです。成果も出せずして、どうして出世ができるのでしょうか。

自ら動かず人や会社の評論や批判ばかりする人、つまり超消極的な人は、出世どころか、降格・減給の対象になります。それが続くと、クビを切られるでしょう。その実例を日米アジアでイヤというほど見てきました。

私は社員によく言います。**「失敗は大いに結構！　積極的にチャレンジすることが大事！」だと。積極的に全力でやったことでの失敗は、その理由を学べば、そこから必ず将来の「成功」に結びつきます。ぜひ、何事にも積極的にチャレンジしましょう！**

出世のルール

37

頑張って成果を出せば出すほど誹謗・中傷される

経営コンサルタントという職業柄、社長の相談に乗るのですが、割と多い相談があります。

「こんなに頑張って成果を出しているのに、なぜ社内外の人たちから事実無根の誹謗・中傷されなければならないのでしょう? もう社長をやっているのがイヤになりました! 社長って損な立場ですよね!」

典型的な社長の悩みです。確かに社長は、みんなから叩かれるので大変です。でも、それが社長、つまりリーダーの役目なのです。社長だけではありません。出世する人も、組織のリーダーとなるため、目立つことから、誹謗・中傷を受けます。

私が尊敬する世界的なリーダーは、いつも事実無根のことで、誹謗・中傷を受け続けてきました。普通の人なら気が狂うくらい叩かれてきました。でも彼らは、すべての誹謗・中傷を一身に受け止め、一切言い訳もせず淡々とやるべきことをやってきました。そのため、彼らを知る人は皆、その誹謗・中傷がまったくの嘘であることを理解しています。

誹謗・中傷を恐れていれば、大きなことはできません。出世する人は、組織のために、好むと好まざるとにかかわらず、大きなことをしなければなりません。ですから、誹謗・中傷を受けることは、あたりまえと覚悟して下さい。

特に組織内で、あなたが頑張っていることを面白く思っていない人から中傷・非難されます。気にしないで下さい。それはあなたが成果を出して目立ち、出世していくことへのただの嫉妬です。そんな人は相手にせず、あなたが本来やるべきことを堂々と行って下さい。

本物を見る目がある先輩や上司たちは、あなたのその正々堂々とした生き方を必ず高く評価します。歴史的にも偉大な業績を残した人、例えば、ガンジー、マザーテレサ、ケネディー大統領などは、いつも誹謗・中傷の嵐で、更に命まで狙われていたのです。

誹謗・中傷は、あなたが本当に頑張って成果を出している証拠です。嫉妬心のある人からすると、頑張ってガンガン突き進んでいるあなたの存在は脅威です。その人とあなたはどんどん差がついていっている訳ですから。怖くてしょうがないので、誹謗・中傷するのです。

嫉妬の人は、自分よりできる人が許せません。でも、正面切って言えない分、裏で誹謗・中傷でもしないと気が治まりません。そんな人は無視して下さい。相手にするだけムダです。

出世のルール

38

使命を自覚した時、才能の芽は急速に伸びる

「使命を自覚した時、才能の芽は急速に伸びる」とは、尊敬する世界的なリーダーの言葉で、私が高校生の時に、初めて聞いて心に刻まれたものです。

よく「私は能力がないから、ダメだ」などと言って、自身のことを悲観し、将来を諦めている人に出会います。もったいないことです。なぜなら、自分では気づかないでしょうが、人間である以上、すべての人はとんでもないポテンシャルを持っているからです。つまり、人間というものは、自身では計り知れないとてつもない能力を持っているのです。

諦めてしまったら、その時点で人間としての凄い能力を引き出せる可能性がゼロになってしまいます。また、「他人は凄いポテンシャルがあるかもしれないけど、私はそもそも何も取り柄がないから無理でしょう……」と言う人もいるでしょう。でも、同じ人間ですから、実はそんなに差はありません。

差が出てくるポイントは、自身の使命を自覚できるかどうかです。自身の使命とは、「この世に生まれて、本来やるべきことが何であるかを決められること」です。

何のために、この世に生まれてきたか、自問自答してみてください。そしてその観点から、今やっていることが、自身の使命に合致しているかどうか確認してみて下さい。

自分の使命が何であるかを悟ることができたら、人間は努力でき強くなれます。その使命の道にまっしぐらに突き進むことができ、出世も含めて成果もどんどん出ます。

もし、今やっていることが、使命に合致しているかどうかわからない場合、とにかく今いる場所で目の前にあることを一生懸命やってみて下さい。一生懸命やればやるほど、今やっていることが使命の道なのかが見えてきます。**また、今やるべきことを一生懸命やってみれば、もしそのことが本来の自身の使命と合致していない場合でも、自然と使命の道に誘導されていきます。**

私も高校三年生まで、自身の使命がわからず、何をやってもダメでした。ところが、私の使命が、人のビジネス上の相談に乗る「経営コンサルタント」になることだと悟り、徹底してその道を究めていったら、どんどん力がつき成果が出て、出世もできました。経営コンサルタントの仕事をすればするほど、天職であることを悟ったのです。

出世のルール

39

人間関係マネジメントのプロに

私はいろいろなところで、「伸びる人は人間関係マネジメントができる」ということを話しています。組織活動で最も重要なスキルが人間関係マネジメントであり、伸びる人、つまり出世する人は、どんどん他の人と関わり、良好な人間関係構築に細心、最大の注意を払い、誠心誠意対応します。そのため、たくさんの人が味方になってくれます。

二十年以上日米アジアで様々な会社・組織にかかわってきた経験上の結論として自信を持って言えることですが、出世で決め手の一つになるのは、人間関係マネジメント能力です。

よく、退く社長が後任の社長を指名した際に選んだ理由として「人望があるから」とか「部下からの信頼が厚いから」などと記者会見でコメントしているのを聞きます。リーダーを選ぶ時、いかに人間関係マネジメント能力が大事な評価要因になるかを表しています。

組織のリーダーを選ぶわけですから、仕事処理能力や経営管理能力もさることながら、どれだけ部下を引っ張っていけるか、要するに、リーダーシップが大事になります。もっと言いますと、リーダーとしてどれだけ人間的魅力があるかです。

人間が仕事をする上で、いくつかの大事なポイントがあります。それを説明したものが、組織行動学の主流となっているマズローの欲求五段階論です。具体的には、欲求において、「①生理的欲求、②安全的欲求、③社会的欲求、④自尊的欲求、⑤自己実現的欲求という五つがあり、一つの欲求が実質的に満たされると、次の段階の欲求が優性になる」と説明されています。

この理論が正確かどうかの解釈は本題と違うため、ここでは触れませんが、皆さんも経験的には一つの考え方として理解頂けると思います。特に人間関係マネジメントの観点からは、応用すべき理論でしょう。この考え方でいくと、仕事においても、他の欲求が満たされると、最後は自己実現ができるかどうかが一番大事になります。それは場合によっては、安全性、役職、お金、名声以上に重視されます。

経験上、自己実現できない仕事環境であれば、人はその組織での仕事に不満を持ちます。出世する人はその点の大事さを自然に認識し、いい組織環境作りに力を入れています。

出世のルール
40

頭が良過ぎると出世できない

あなたの周りで出世している人を見てみて下さい。そんなに頭は良くないのに出世している人、それに対し、頭がとても良いのに出世していない人、がけっこういませんか？　なぜでしょう？　頭が良い人は考え過ぎるのです。考え過ぎると、勇気ある言動は取れませんし、愛嬌がないので人からあまり好かれません。

頭が良過ぎると、先々考え過ぎて、怖くて何もできなくなります。**出世するためには、時にはリスクを負い、時にはバカになり、大胆な行動もとらなければなりません。将来のことは、誰にもわかりません。そのため、前進するためには、思い切ったことをしなければなりません。**

ある中小企業に初めて東京大学法学部出身の人が入社しました。社長は感無量です。

「やった！　とうとう我が社にも東大生が入ってきた！」と。しかし、悲劇はすぐに訪れました。

「おい！ なんで新しいことに挑戦しないんだ？」

「だって、失敗する可能性が高いんです……」

「何！ 失敗覚悟でやらないと何もできないよ！」

「でも、失敗したら私の責任になりますから……」

こう言えば、ああ言うで、らちがあきません。とにかくその東大出の新入社員は、頭が良いので言い訳の天才です。

仕事は理屈ではありません。まず実行することです。やってみることです。それで、ミスしたり間違えたりして、そこから学ぶのです。大きなリターンを得るためには、大きなリスクもとらければなりません。

人はバカな人が好きです。正確に言うと、バカになって何事も徹底的にチャレンジすることができる人を世間の人たちは評価します。出世するためには、とにかくバカにならなければなりません。そうでないと、周りの人々がついてきませんし、応援してくれません。

ですから、頭が良過ぎることでのマイナス点、即ち、勇気ある言動がとれないこと、等をしっかり理解し、失敗を恐れずどんどん積極的にチャレンジしましょう！ バカになって動いた分、自分自身に還元されます。

出世のルール

41

バカな上司を持ったら

自分の上司をバカだと思った瞬間、あなたは組織で負け組になっています。なぜなら、上司をバカにするということは、世の中や組織をバカにすることだからです。

そうしたら、上司を含め周りの人はあなたのことを良く評価しません。おそらく、あなたは傲慢な人間と見られるでしょう。一度、傲慢な人間と見られたら、表向きは立ててくれることもあるかも知れませんが、本音では、軽蔑され無視されているのです。従って誰も、あなたを出世させたくないし、リーダーにしたくありません。

世の中のすべての現象にはそうなる理由、つまり原因があります。そのことは「原因と結果の法則」で説明されています。バカな上司を持つこと自体、その上司ではなく、あなたに問題があるのです。原因と結果ですから。第一、その上司はバカだとあなたが勝手に判断しているだけで、心ある人はそうは思っていないのです。

また、逆にあなたの上司はあなたを部下として自覚のない部下だと判断するでしょう。そうしたら、あなたは出世できなくなります。何も「出世するために、上司をバカにするな」と言っているのではありません。どんな人にも長所はあり、あなたより優れているところがあります。あなたは、そこだけ学べばいいのです。相手をバカだと思った瞬間、あなたは相手から学ぶことでの成長のチャンスを逃しています。もったいないことです。

私が米国で最初に勤めた、経営コンサルティング会社、KPMGでは、難関を突破して入社してきたアメリカ人の俊英たちが多くいました。彼らは、ハーバード大学、MIT（マサチューセッツ工科大学）、スタンフォード大学など米国を代表する一流大学出身で、一緒に新入社員研修を受けた私は、その優秀さに溜息が出ました。テストをするといつも満点、話せば大統領の演説のように見事で、非の打ち所がないのです。

職場の配属が決まった後、新入社員一同で再度集まりました。その中で、優秀だと思っていた人ほど、上司をバカにするのです。その五年後、再度みんなで集まりました。その時私は「原因と結果の法則」の厳しさを目の当たりにしました。上司をバカにしていたほぼ全員は、出世できないでいるか、辞めさせられていたのです。考えて見れば、自業自得です。**上司をバカにすることで、自ら学び伸びるチャンスを放棄していたのですから。**

出世のルール 42

たいへんよくできました

一流の人に会いまくろう

出世する人は一流の人が多いです。一流の人は一流の人と友人で、定期的に会い、それぞれの道で極めていますので、話もとても合います。

何を持って一流、二流と判断するかは難しいことですが、単に、有名だとか、組織のリーダーだとか、お金持ちだからというわけではありません。人間的に一流だということです。人間的に一流ということは、人間として器が大きいことであり、謙虚でもあることです。成功された方は、いくつか共通点があります。その一つに、謙虚で感謝の心を持っていることです。

私が米国にいた際に顧問をさせて頂いた、不動産王で億万長者でもあった故トラメル・クロウさんが、全米一の富豪になった時のコメントです。

「自分がここまでこれたのは、本当に幸運であり、また皆様のお陰です！」

同様なことを、ウォルマート創業者で、同じく全米一の大富豪になった故サム・ウォルトトンさんもよく語っておられました。本当にそう思い、本心で言われていました。

そんな言動に触れる度に、「一流だなあ!」「一流の人は違うなあ!」と思うと同時に、少しでも彼らのレベルに近づきたいと思い、彼らを真似しようと決意したものです。

やはり、一流の人と接すると感化されます。近くにいるとなぜその人が一流なのか、一流を目指し努力して生きている人には痛いほどよくわかり、ついつい真似するようになります。一緒にいるだけで、どんどん学べます。ですから、一人二人と言わず、出世を含め一流を目指している人は、一流の人にどんどん会うべきです。

私も、高校生の時に「経営の神様」と言われていた松下電器産業創業者の故・松下幸之助さんから始め、世界的な経営コンサルタント、故ピーター・ドラッカー博士や故エドワード・デミング博士など、いわゆる超一流と言われる方々に、アポなしの飛び込みで会いまくってきました。現在でも、「この人から学びたい」「この人の凄さを知りたい」と思ったら、自分の方から遠慮なくどんどん会いに行きます。ずっと待っていたら、一生会えない、またなぜその人が一流なのかわからないままで終わってしまいます。

会うと決めて行動を起こすと、どんな有名人や有力者でも意外に簡単に会えるものです。せっかくですから、どんどん会って、彼らの一流なところを学び真似しましょう!

出世のルール

43

たいへんよくできました

人脈作りのプロに

出世する人は社内外での人脈作りが上手です。社内での人脈作りは、難しいことではありませんが、社外での人脈作りは、かなり工夫と努力しないとできません。しかし、社外での人脈作りは出世において非常に大事になってきます。

社内から得られる情報は限られていますが、社外からの情報は、会社にとって、またあなたにとって、大きな影響を与えることが多いのです。そのため、**社外にしっかりした人脈があることは、社内では得られない貴重な情報を入手し、他の社員と大きく差をつけ、会社で優位な立場になることができます。**

また、単なる情報入手に留まることなく、何か問題があった時、社外人脈で専門家のネットワークを構築していれば、電話一本で解決策を聞けたりします。素人のあなたが、知識や経験もないなか、一生懸命考えて試行錯誤で解決しようとするよりは、専門家に聞いた方が、いかにスピーディーかつ正確で効果的な解決方法になるか、実践された人なら誰でもうなずけるでしょう。

私も大学を出てすぐ、経営コンサルティング会社に勤め、経験・知識がなく、何も知らない新米であったのにもかかわらず、一人前のプロフェッショナルとして見られ、クライアントから毎日質問攻めに遭っていました。

アドバイスやヒントを頂きたい上司や先輩も同じく超多忙で、別のクライアントのところに行っており、とても連絡できる状況ではありませんでした。ですから、私はこの時本当に困り果て、クライアント先に行くのが恐怖で、行ってもクライアントと話をしないよう逃げ回っていました。その時です。同じ業界で私と同じようなことをしていた競合他社の方と、たまたまパーティーで知り合い、意気投合し、兄弟のように親しくなりました。

彼が言いました。「困ったことがあったら何でも相談して。今は競争相手かも知れないけど、それは一時的なことで、将来助け合えると思うし、第一、君のことが人間として好きになったので勝手に親友と決めたから……」と。その後、私はわからないことがある度に業界での大先輩である彼に電話し、なんでも教えてもらいました。直接回答頂くか、知っている専門家の中の専門家を紹介頂き、彼らからすぐに完璧な答えを得ることができました。

出世のルール

44

昨日の自分より今日の自分、今日の自分より明日の自分

あなたは他人より自分の能力がないので、出世できないと思っていませんか？　それは大間違いですよ。もし、それが本当だったら、私は一生出世できなかったはずです。

私は自分くらい能力のない人を見たことがありません。「嘘だ！」とか「何カッコウつけてんだよ！」とか思う人がいるかも知れません。そんな人は、私のことをよく知っている高校・大学時代の友人に聞いて下さい。間違いなく、「あいつはバカだった！」「彼は能力なかった」と証言してくれるでしょう。100％自信があります。

なぜ私がそんなに能力がなかったかというと、読解力・理解力・記憶力が著しく劣っていたからです。今でも記憶力は恥ずかしいくらい悪いです。また、小学校から何度か受けたIQテストも最低最悪でした。点数こそ教えてもらえなかったのですが、みんなができたのに、私はまったくできませんでしたので、結果はわざわざ先生に聞いて恥をかくまでもありませ

んでした。何でできないか私にはわかりませんでした。当初はバカに生んだ親を恨みました。

中学校の担任の先生は、できないのに一生懸命勉強している私に、「浜口、勉強辛かったら、頭を使わない人生もあるぞ…」と苦し紛れの激励とも諦めさせようとしたともとれる発言を何度もしていました。諦めたくない私は、複雑な思いで先生方の話を無視していました。

それでも周りの友達を見ていると、試験がある度にいかに自分がバカであるかをイヤというほど思い知らされ、落ち込みました。いつもどこでも超劣等生として悩まされていました。

そんな時です。私が尊敬する世界的なリーダーが、ある会合で言いました。

「他人と比較したら、自分を卑下し惨めになるだけです。戦うべき相手は他人ではなく、自分自身です。自分の弱き心です。**実は最強の敵は他人ではなく、自分自身です。ですから、他人と比較・競争するのではなく、昨日の自分より今日の自分、今日の自分より明日の自分と、少しずつでもいいので毎日弱き自己に挑戦し、前進して下さい**」

その時より私は、他人と比較するのは止め、毎日自分が人間として少しでも成長できたかどうかをチェックすることを始めました。その結果、もし自分が少しでも前進していなければ、徹底的に理由を解明し、どうしたら前進できるかを考え、手を打つことが日課になりました。

そのお陰で、一応勤務先でスピード出世させて頂けたと感謝している次第です。

出世のルール

45

お金を稼ぐは経済学、使うは美学

「浜口さん、お金を稼ぐのは経済学で、使うのは美学ですよ」

尊敬する現代人間科学研究所の飛岡健所長がよく口にされる言葉です。私も仕事柄様々な経営者にお会いしてきて、まったくその通りだと痛感します。

ビジネスにおいて、稼ぐ時はしっかりした論理でシステムやビジネスモデルを構築し、スマートに実行しなければ上手くいきません。片や、お金を使う時は、人のため社会のため、つまり、支えて下さっている方々に喜んで頂くようにすることが、そのビジネスや経営者が社会に受け入れられ支え続けられるポイントでもあります。

これは、経営者に限ったことではありません。組織の中でもまったく同じことが言えます。周りで尊敬できる人、リーダーとしてついて行きたくなる人を観察してみて下さい。まずこの「お金を稼ぐは経済学、使うは美学」を実践しています。

世の中を見渡して見ますと、お金を経済学的にガンガン稼ぐ人はいっぱいいます。また、使うことに格好をつける人、自分のためだけに使う人、けちって使わず貯めてばかりいる人、そんなタイプが圧倒的に多いのです。そもそも、稼がないと格好よく使えませんので、まず稼がなくてはいけませんが、稼ぐことに徹底し過ぎて、バランスを欠き使い方に気を配らない人は、本当の出世もできませんし、人間としても一流になれないでしょう。

世のため人のために使うことを考えず、ただひたすらお金を稼いでいる人は、一時的に事業で成功したように見えるかもしれませんが、それは虚像です。皆さんの周りにもそんな人は結構いると思います。最終的には人から裏切られ失敗し惨めな人生で終わります。

「しょせん、沢山稼いで貯めて残しても、死ぬ時には墓場までお金は持って行けませんね」よく聞く言葉です。であるならば生きているうちに、稼げた感謝の印として、人や社会のために使いたいものです。どれだけ感謝されることか。故メアリー・ケイ（化粧品業界の女王）、故トラメル・クロウ（不動産王）、リチャード・レインウォーター（天才投資家）、ロバート・デッドマン（ゴルフビジネスの神様）等々、私は米国にいた際、大事業家兼大富豪の顧問をさせて頂きました。皆さん「立身出世」のお手本のような方ばかりで、「お金を稼ぐは経済学、使うは美学」は彼らの共通点の一つでもありました。

出世のルール

46

建設は死闘、破壊は一瞬

「建設は死闘、破壊は一瞬」

私が尊敬する世界的なリーダーが昔からよく言われていました。私はこのことがどんなに大事かを十分理解しているつもりなのですが、恥ずかしい話、いまだになかなか実践できていないのです。

せっかく長年かけて積み上げてきた信用を、私の些細な、でも軽率な言動のために、一瞬にして失ってしまった経験を何度もしてきました。そのことを思い出す度に今でも赤面します。いかに自分が未熟であるかを痛感し、深く反省しています。でももう起こってしまったことですので、取り返しがつきません。

一度失った信用を取り戻すのは大変です。とてつもない時間がかかります。まだ、取り戻せればいいのですが、場合によっては、二度とその失った信用を取り戻すことができないこともあります。私も何度もそれを経験してきました。その時はまさに逃げ出したい思いにかられます。

ただ、人間である以上、生きている間に何度もそんなミスを犯してしまいます。大事なことはそのミスを犯した時どう対処するかです。やはりこちらのミスで信用を失ったわけですから、まず心から謝罪し、誠心誠意解決に向けて対応することが必要です。

その時に言い訳をしたり、他人に責任をなすりつけたりしたら、一時的にはごまかせたとしても、ばれたらすべてが終わってしまいます。また、そのような行為は見苦しいため、感がいい人なら雰囲気で、嘘を見破ってしまいます。やはり下手な小細工は一切避け、まず全面的に受け入れ謝るくらいの心の広さ・謙虚さが大事ではないでしょうか。

大企業を始め大組織のリーダーをしている人は、出世の過程でこのような修羅場を何度か経験しています。それではなぜ失脚せず最終的にトップになれたのでしょう？　それは、誠実な言動によるものです。普通の人なら逃げ出す状況でも、真っ向から現実を受けとめ責任をかぶり、信頼回復のために、謝罪しながら誠心誠意対応したからです。

信用を築くため、日々コツコツと真面目に努力することはあたりまえですが、万が一致命的なミスをした場合、ごまかしたり逃げずに、誠心誠意対応しましょう！

出世のルール

47

たいへんよくできました

「自分棚卸」を

出世する人の共通点の一つに自分のことをよく知っていることが挙げられます。伸びる人は、自分のことをよく知っています。つまり、自分の長所・短所をよく掴んでいます。

なぜ長所・短所を把握しているかと言えば、定期的に「自分棚卸」をしているからです。「自分棚卸」とは、自分の長所・短所や人脈など目に見えない正・負の人間としての資産・資質を正確に認識することです。

できる人は自分の長所・短所を正確に掴むことで、確実に長所を伸ばし、短所をなくそうと努力します。出世するためには、実は短所をどれだけ克服できるかにかかっています。長所はほっといても、周りの人から評価され、ちょっと努力するだけでさらに伸びていくものです。しかし、短所は皆からイヤと思われているのに、意外と自分では気づかないものです。心して「自分棚卸」をしないとわかりません。また、わかったとしても、なかなか良くなりません。長年の悪い癖や習性でもあるので、そうは簡単に良くなりません。

正確な「自分棚卸」をするためには、家族を含め身近な人に長所・短所を指摘してもらったら効果覿面です。恐ろしいことは、みんなが短所だと思って迷惑しているのにもかかわらず、当の本人は、長所だと勘違いし、直すどころか、どんどん全面的に押し出したりすることがよくあります。

従って、「自分棚卸」作業で最も大事であるのは、自分が自分のことをどう評価するかではなく、他人からどう見られているかということを正確に謙虚に把握することです。伸びる人、出世する人はその辺が徹底しています。

松下電器産業をゼロから立ち上げ、世界的な企業に育てた「経営の神様」と言われる故・松下幸之助さんは、いくつになっても、このことを実行していたそうです。そのため、お会いした際、「ご自身であらためる点があるとすれば何か?」との質問に、「もっと素直になること」と、驚くべき返事をされるのです。

立身出世のお手本で、若い頃より大変な苦労されたことから、人間主義経営で知られる松下さんが本気でご自身がもっと素直にならなければならないと思われていたのです。彼をよく知る人たちから聞いたのですが、彼ほど素直なリーダーに会ったことがないそうです。

出世のルール
48
職場は人間修行の道場

出世する人は、職場を非常に大事にしています。単に出世したいからではありません。職場を人間としての貴重な「人生の修行の場」と捉えているからです。

入社は同じ時だったのに、ある人はどんどん出世し、ある人はなかなか昇進しません。一体何が違うのでしょうか?

多少能力の差はあるのかもしれません。しかし、そんな差は、出世には大した影響を与えません。出世する人は、職場は自分が成長できる場と決め、一生懸命職場で修行する中で様々な人からいろいろなことを学びます。

その積極的で前向きかつ謙虚な姿勢が、周りの人に高く評価され、どんどん出世するのです。ですから、職場での仕事に対する姿勢が重要になるのです。

確かに真剣に働けば働くほど、責任や周りとの摩擦も増え大変になります。職場ではいい加減なことや矛盾点が結構多いのですが、もし真剣にやっていけば、その問題と矛盾だらけであることでなかなか理想や理論通りいかず葛藤します。そして、何とか良くしようと努力はしますが、頑張れば頑張るほど叩かれ、ことなかれ主義のグループから孤立します。

私が米国で勤めていた経営コンサルティング会社、KPMGで、「超」優秀で出世頭のアメリカ人上司は、あまりにも謙虚でしたので当初不思議に思いました。他の理由があるのではと憶測せざるを得ないくらい謙虚だったのです。

後でわかったのですが、それは彼の生き方で、職場を人間にとって最高の修行の道場であると決め、そのように言動・実践されていたのです。悲しいかな、凡人である私は彼と一緒に働いていた時でも、そこまで腹を決めて働いていたことに気づきませんでした。ただ単に自分とは違う立派な人だということで、敬意の目で見ているだけでした。

今から思うと、彼は相当努力し毎日自己に挑戦していたのです。私がその会社を辞める時に初めて彼は、お別れの会食会で語ってくれました。

「職場は人間修行の最高の道場です。君は、これから、うちを辞めて新しい会社に入ることから職場は変わるけれども、道場で修行するということでは同じです」

まさか、アメリカ人から「職場＝道場」という言葉を聞くとは思いもよりませんでした。

出世のルール

49

たいへんよくできました

心が変われば運命が変わる

「心が変われば行動が変わる。行動が変われば習慣が変わる。習慣が変われば人格が変わる。人格が変われば運命が変わる」

「一人の人間における偉大な人間革命は、やがて一国の宿命転換をも成し遂げ、さらに全人類の宿命をも可能にする」

一人の人間の努力が、その人の運命のみならず、全人類の宿命まで変えられることを説いた言葉です。よく聞く言い訳に「たった一人では無力だから何もできないよ」があります。が、発想の転換をし、初めは一人でも、強いリーダーシップでぐいぐい周りの人や組織のメンバーを引っ張っていけば、すぐに一大勢力となり、大きなこともできるようになります。

私が米国にいた際の体験です。何を血迷ったか、突然日本的経営を教えるビジネス・スクール（経営大学院）を創ろうと思いました。それで、友人の何人かに呼びかけたら、公認会計士、弁護士、大学教授、経営者とどんどん支援者が増えていきました。

それでも、まだまだビジネス・スクールができるような組織レベルや経済力には達していませんでした。支援者の一人が米国大手新聞社の記者で、なんとその新聞のビジネス面トップにトクダネ記事として、でかでかと載せてくれました。それがきっかけで、全米で知られ、全米からビジネス・スクール設立支援のためにボランティアが五〇〇人以上集まりました。

挙句の果てに、当時の国務長官、大富豪、一流企業の社長、有名コンサルタントであるエドワード・デミング博士やピーター・ドラッカー博士、日本の元外務大臣・通産大臣、テキサス州知事、テキサス大学学長等々、どんどん支援者が広がっていきました。

始めた時は、私の突然の思いつきで、冗談みたいな話でしたが、わずか数ヶ月でその動きは日米に広がったのです。更に、テキサス大学が所有している東京ドームの十倍位の膨大な土地を寄付しようとしてくれたのです。まったく信じられないようなことになってしまい、気がついたら全米の一大イベントになっていました。

結局、ソニー創業者である故・盛田昭夫さんがダラスに来られた際、相談させて頂き、ビジネス・スクール設立案は、変更になりました。しかし、何もなくてもやる気があれば、多くの人々からも支援を得、大きなことも意外に簡単にできてしまうことを体験したのです。

出世のルール 50

たいへんよくできました

約束を守ることの大切さ

既に「建設は死闘、破壊は一瞬」という世の中の真理を紹介しました。特に信用を築くのは、大変な地道な努力が必要ですが、その信用もちょっとした軽率な言動で、一瞬にしてすべて失ってしまいます。とても怖いことです。

私が見てきた限りにおいて言えることですが、「コミュニケーションさえきちっとコンスタントにとっていれば、ミスをしたとしても、そのように一瞬にして信用を失うような惨事はまず避けられるのです。ところが、状況が悪くなっているのにもかかわらず、叱られたり、責任追及されることを恐れ避けるため、タイムリーに正確かつ正直に報告しない人がいます。

つまり現実から逃げの姿勢の人です。自身にそんな傾向がある場合、一刻も早く正さなければ、人から信用されなくなるでしょう。特にビジネスの世界で一度でもそのようなことをすれば、あっという間に噂は広がり、周りから相手にされなくなります。

約束を守ることは、約束した以上あたりまえ中のあたりまえです。しかし、何らかの理由で万が一約束を実行できないことがわかったら、その時点でその旨を至急相手に伝え、謝罪し誠心誠意善処すべきです。その時、その人の言動を通して人間として信用するに値するかがわかります。

また、それができるかどうかで、その後おつき合いを続けるべきかどうかを判断しなければなりません。人間の傾向ですから、約束を破ったにもかかわらず誠意のある対応ができない人は、同じことを何度も繰り返します。従って、たまたま何かの理由で約束が守れなかったのだろうと甘く考えていると、同じことでまたその人に振り回されます。

約束を守れない人には厳しく対応すべきでしょう。基本的には、約束を守れず誠意ある対応ができない人とは、つき合ってはいけません。そうしなければ、いい加減な傾向の人ですから、どんどん甘えてきて、あなたのみならず、あなたが紹介した大事な人まで、犠牲者になります。

出世する人は、約束を絶対に守ろうと一生懸命努力します。万が一、守れないとわかった場合、すぐに相手に報告と謝罪をします。そして、約束が守れなかったことの挽回のため、もの凄いエネルギーで頑張ります。出世する人は、信用のため死闘を続けている人なのです。

出世のルール

51

たいへんよくできました

出世は大した問題ではない

「経営学の神様」と言われていたピーター・ドラッカー博士が亡くなりました。ある人が、彼の次の言葉に何度も勇気づけられたそうです。

「組織が腐っているとき、自分がところを得ていないとき、あるいは成果が認められないときには、辞めることが正しい選択である。出世は大した問題ではない」

まったくその通りだと思いました。出世とは目指してすべきことではなく、自然になるものです。出世のために、他人や他のことを犠牲にすると、悲劇です。その反動やしっぺ返しは大きいものです。出世よりも大事な人やものを失うことも往々にしてあります。

ドラッカー博士には、私が米国でビジネス・スクール（経営大学院）を創ろうとした際、いろいろ相談に乗って頂きました。そのお返しに、彼が創ったある非営利組織（NPO）のお手伝いをさせて頂きました。その時、「たとえ出世を棒に振ることがあろうとも、自分が信じる道を生き抜くこと」の大切さを何度も語ってくれました。

単に出世を目指して生きていたなら、ドラッカー博士は、もっと賢く振舞い楽ができたことでしょう。しかし、彼にとって信念を貫いて生きることの方が、出世のために生きるより、価値的で大切だったのです。結果的にその信念の道を貫いたからこそ、一組織のではなく、「世界のピーター・ドラッカー」になり得たのだと確信します。

ピーター・ドラッカー経営学研究の第一人者で、ドラッカー博士の著書のほとんどを日本語に翻訳された上田惇生さんに、先日お会いした際、ドラッカー博士が「何のための経営、企業か?」を追求し続けてきたことがよくわかりました。

上田さん自身、ドラッカー博士の日本語版『企業とは何か その社会的な使命』(ダイヤモンド社刊)の「訳者のあとがき」で書かれています。

「ドラッカーのマネジメント論が時を越えてますます輝きを増すのは、われわれがつい忘れてしまいがちな、この当たり前のこと(「世のため人のため」)を鮮やかに示してくれるからに他ならない」

出世するか否かは大した問題ではなく、自らの保身の心を捨て、「急がば回れ」で、世のため人のため、また組織のために、尽くしてみて下さい。結果として出世はついてきます。

出世のルール

52

周りから頼られる存在に

出世する人は、仕事ができるので、周りの人から当てにされ、いろいろなことを頼まれます。

よく「仕事を頼むなら、一番忙しい人に頼め！」と言われます。忙しい人に頼めば、忙しいために、すぐに着手し迅速にやってもらえるからです。

私も米国で勤めていた経営コンサルティング会社で、「超」出世頭だったアメリカ人と仕事をしていた際、その仕事の処理の速さにいつも驚かされていました。何か頼むと、その場ですぐに始めるか、もし優先すべきことをしていて、すぐにできない場合、それでも彼は返事をその日のうちにくれるのです。その仕事に対する厳しい姿勢を見て、本当に感動しました。

「そうか！　仕事のというものは、頼まれたら忙しくてもすぐにやるのだ！」と。

どうして、そんなに急いで頼まれたことをするのかを聞いたところ、あまりの忙しさのために、頼まれた瞬間やらないと、その後誰かに新たに頼まれるか、突然クライアントから他の仕事が舞い込むため、結局できなくなってしまうのだそうです。

それでも、すぐにできない場合、返事をその日のうちにくれるので、頼んだ側としたら仕事の進捗状況と終了予定のタイミングがわかり、とても助かります。より確実で頼りがいがあるので、ついついまた頼みたくなります。私も周りの人にできるだけ気持ちよく仕事をしてもらいたいので、彼と同じように、頼まれたらすぐにやるか、できなくても、その日のうちに返事をするようにしました。

すると、皆から感謝されると同時に、どんどん仕事を頼まれ、また周りの人からの評価が段々上がっていくのを実感しました。人から評価されるためには、即着手しスピーディーに仕事すること、また返事は基本的にはその日のうちにすることがどんなに大事で、周りの人にどんなに喜ばれるか何度も体験しました。

これをぜひ実践してみてください。ビックリするぐらい自分への周りの評価が上がっていきます。騙されたと思って、**頼まれたら返事をその日のうちにすることを続けてみてください。皆、あなたは誠実で仕事の本質がわかった頼もしい人として評価するでしょう。周りの人はあなたのことを将来のリーダーとしてほっとかなくなるでしょう。**

出世のルール

53

本物の出世頭は役職にこだわらない

出世は目指してもできるものではありません。真剣に頑張って働き評価された結果としてできることとです。本当にすごい出世をする人は役職にまったく興味がなく、自らの信念の道を進みます。誰がなんと言おうとです。

ニチレイの浦野光人社長やトヨタ自動車の渡辺捷昭社長は、まさにそのお手本のようなリーダーです。お二人とは、経営コンサルタントの大前研一さんが開催していたビジネス・プラン・コンテストで、何度か審査員としてご一緒させて頂きました。当時お二方とも、経営企画や新規事業担当役員という立場でした。

大前研一さんも同感頂けると思いますが、当時からお二人が将来更に出世される実力や人格は備えておられたのは明らかでした。私が一番感動したのは、お二人とも超多忙であるのにもかかわらず、直接仕事に関係がない、大前さんのビジネス・プラン・コンテストに毎回出席され、一生懸命発表者の話に耳を傾け評価されていたことです。「一流の人は、利益のないことでも真剣なんだ」と感心しました。

その後、お二人とも、目上の先輩役員を何人も抜き、大出世し日本を代表する企業の社長として選ばれたのです。お二人とお話しさせて頂いた時は、出世などまったく関係ないという感じでした。彼らからは自身の仕事を全力でまっとうしようという気概を強く感じました。

出世や役職を意識して追う人は、出世はできません。万が一、出世できたとしても、それは一時的なことで、長続きはしません。ゼネラル・エレクトリック社のジャック・ウェルチ前最高経営責任者も、並みいる先輩役員を抜いて、トップに大抜擢されました。そして言いました。「役職にこだわれば、役職に泣く」と。

本物の出世頭は役職にはまったくこだわりません。捨て身で仕事しています。いつクビになってもいい覚悟で、どんどん新しいことに挑戦します。その潔さが自然に感動と支援を周りから受けています。プロとして極めようとしているので、どこに行っても戦力になり結果的には大出世します。

あなたは、役職や出世に関係なく捨て身で働けますか？ もし、大きな仕事をしたければ、捨て身でやってみて下さい。ビックリするぐらい周りの評価が上がり出世もします。

出世のルール 54

「人を育てる＝自分が成長する」

私の周りにいる大好きな人がよく言います。

「俺は人に厳しく、自分に甘くがモットーだ!」

最初の頃は「面白い発想だなあ…部下を鍛えるのにはいいかも…」と思っていました。

しかし、試しにそれを自分で実践しようとしたら、とてつもなく至難なことであることに気づきます。なぜなら、人に厳しくするということは、結果的には自分にはもっと厳しくしなければ、誰もついて来ないからです。そもそも人にだけ厳しくしたくても、相手が離れていってしまうのです。

従って、人に厳しくすることは、自分に対して自らプレッシャーを掛けていることになります。そもそも他人に優しくさえしておけば、何も言われることも要求されることもなく、穏便で楽です。しかし、人に厳しくすると、厳しくされる方としては、「これだけ他人に厳しくするのだから、当然自分自身にはもっと厳しくしているのだろうな!」と思われ、自分で自分を追い込むことになります。実はこれが人間として、またプロフェッショナルとして伸び、力がつく根源になるのです。

人を育てるのも同じです。つまり、「人を育てる＝自分が成長する」の等式が成り立つのです。出世する人はこのことをよく理解しています。だから、一生懸命部下や周りの人を育てようとします。人は面白いもので、どんなにすごいことを聞いても、口先だけでは受け入れませんし、動きません。ですから、人に何かを教えたりやらせる場合、まず自らが成長して受け入れてもらわなければなりません。つまり器を大きくしなければなりません。

そのため、人を育てるということは、まず自分自身が育たなければならないのです。**人を真剣に育てようとする人は、どんどん謙虚に学び成長しなければなりませんから、周りの人から評価され、出世する可能性も高くなるわけです。**

どんどん人を育てるようにしましょう! そうすれば、自分の訓練にもなり、最終的には自分に返ってきて、人間的な器も大きくなります。出世なんて時間の問題です。ですから、人を育てることが組織にとって、また自分にとっても、どんなに重要か理解頂けることでしょう。とにかく体験してみて下さい。

出世のルール 55

「やらな過ぎず、やり過ぎず」ではもう出世できない

高度経済成長期やバブル経済期での出世のルールは、「やらな過ぎずやり過ぎず」でした。その頃です、よく組織において、「出る杭は叩かれる」が常識とされていたのは。私が二十年近くいた米国でそんな感覚で仕事をしていたら、昇給も昇進もなかったでしょう。場合によっては、いてもいなくてもいい存在となるので首も切られます。

「やらな過ぎずやり過ぎず」は、高度経済成長期やバブル経済期だから許されたのです。これからは有言実行で、どんどん個人として、またチームの一員としての成果を出せなければならない時代に入りました。成果の出せない人は、後輩にどんどん追い越され、窓際族か肩叩きにあい、いずれにしても会社の第一線や会社そのものからはお払い箱です。

ここで気づかなければならないことは、昔と比べ、仕事や組織運営のルールが大幅に変わったということです。とすると、出世のルールも変わりつつあるのです。何事にも成果を出し、

競争に勝つためには、まずルールを理解しなければなりません。ほとんどの人にとって大事なルールとは、出世に関することでしょう。なぜなら、一生懸命頑張っても、ルールを守れなければ評価されないわけですから、昇進も昇給もないのです。

知人で弊社の相談役をやって頂いている一人に、島田精一さんがいます。彼は三井物産在職時代、新規事業とM&A（企業の合併と買収）をどんどん推進し、画期的・革新的なことを次々と行ったため、社内でも極端なくらい目立ちました。そのため、常務、専務、副社長とどんどん出世し、みんなは彼が社長になることを期待していたのです。

ところが、あまりに仕事ができたので、当時業績の悪かった日本ユニシスに代表取締役社長兼最高経営責任者（CEO）として、三井物産から送り込まれたのでした。彼の使命は明確でした。短期間で日本ユニシスを再生させること。そして、彼はそれを見事にやってのけます。島田さんが再生のために心がけていたことは、「叩かれてもいいのでどんどん新しいリーダーを発掘し、新しいアイディアを出させる」ことです。これは彼が商社時代にやりたかったことでもあります。その成果が評価され、彼は今、住宅金融公庫の総裁をしています。

これから出世する人の新しいルールは、「やらな過ぎずやり過ぎず」ではなく、堂々と主張し、その通りガンガン実践し成果を出すことです。

出世のルール

56

「出世力」の定義

出世力＝忍耐力＋積極力＋体力＋気力＋企画提案力＋統率力＋人望力＋コミュニケーション力＋知恵力

これが私の「出世力」の定義です。人それぞれ「出世力」の定義があると思いますが、私の日米アジアでの経営コンサルティングの経験から、この出世力の等式にはかなり自信があります。なぜなら、散々テストし、検証してきたことだからです。

現にある人が出世するかどうかわからない時、この等式を使えばかなりの的中率になります。特にこの等式を使って高得点が出た人たちがいます。せっかくハーバード・ビジネス・スクールでビジネスのケーススタディーを学んできたのに、帰国後に元々いた三菱商事で関係のない部署に回され、腐っていたローソンの新浪剛史社長、三井物産副社長、日本ユニシス社長をこなし、まだまだ出世が予想される島田精一住宅金融公庫総裁、新規事業担当役員時代にお会いして「こんなに謙虚で人を大切にする人がいるのか」と驚かされたトヨタ自動車の渡辺捷昭社長、淡々と真面目に仕事をこなすニチレイの浦野光人社長。

お会いして、すぐに「出世力」の等式を使って評価したところ、間違いなく大変な出世をする人たちであることがわかりました。彼らは出世のためのどの要因をとっても、完璧なのです。ですから出世しないわけがないのです。

忍耐、積極性、体力、気力、企画提案力、統率力、人望、コミュニケーション、知恵。どれも出世するのに必要なことです。逆にそれらどの一つでも欠けていた場合、トップにまではいけないことがすぐにわかります。

一方、これら「出世力」を構成する要因のすべてが備わっていれば、間違いなく大出世し、日本を代表するビジネス・リーダーとなるでしょう。周りの人にそんな人はいないかどうか、この「出世力」の等式を使ってみて下さい。結構正確なのに驚くことでしょう。

出世したければ、忍耐、積極性、体力、気力、企画提案力、統率力、人望、コミュニケーション、そして知恵がつくよう努力すればいいのです。そういう私も、独立前に勤めていた会社でこれらを実践したところ、お陰さまで通常五年かかるところ、一年でマネジャーになれ、次の一年でいきなり執行役員に抜擢されました。凄い威力でした。

出世のルール

57

悪い習性はすぐ止める

その人が出世したり、人間として伸びるかどうかを判断する一つの目安があります。それは、その人が悪い習性に気がついた時に、すぐに止められるかどうかです。悪い習性とはいろいろあります。例えば、タバコを異常なほど吸う、酒を飲み過ぎる、遅刻をし過ぎる、嘘をよくつく、病気なくらい太り過ぎる、体調を崩すくらいよく夜更かしする、食生活が不規則、いつも食べ過ぎる、甘いものばかり食べるなど、例を挙げれば切りがありません。

自分で良くないと判断したら、すぐ努力して止められるかどうかで、その人のその後の出世を含めた人生を大きく左右します。ポイントは、人間ですから悪い習性はすべて止めるということではなく、自身が止めるべきだと決めた時に、本当にすぐに止められるかどうかです。

良くないので止めなければとわかりつつ、自分に負け、悪い習性をだらだら続けてしまうことは、生きていて楽しくないでしょうし、第一自分に対する自信がなくなります。

言い換えれば、どれだけ自己管理ができるかということでもあります。米国では、「自己管理のできない人は、管理職にしない」というのが原則です。「自己の管理のできない人が、どうして自分を含めた組織の管理ができようか」という論理です。

世の中、勝ち組と負け組といるわけですが、結局その差は、悪い自分の習性を変えると決めた時、本当に変えられるかどうかだと思います。もっと言うと、人生において成功する人とできない人との差はその点だと痛感します。悪いことだとわかったわけですから、あたりまえである「止める」をすぐに実行することです。

「そうは言っても、これは自分が昔からずっとしてきたことだから・・・」「理屈を言われても好きだから止められません」などと言い訳をするようでは、出世も、人間としての成長も自ら棄権したのも同然です。そのように自分に甘い人は、出世や成功など諦めた方が良いでしょう。人生そんなに甘くないのです。多くの人は一生懸命自己の弱さに挑戦しています。

人間はやった分だけ理解できますし、成長もできます。悪い習性を止めるという自らへの挑戦をしないで、人の評論や非難ばかりしている傍観者は、人間として伸びないどころか、組織の邪魔な存在として扱われます。出世どころか、組織から外されることは時間の問題となるでしょう。ぜひ、自身の悪い習性を止めることで、弱き自己との戦いをしましょう！

出世のルール

58

たいへんよくできました

進まざるは後退

出世する人は、とにかく忙しいです。他人の評論や批判などしている時間はありません。いかに自分に力をつけるか、またどうしたら良い仕事ができるかをいつも考え模索し葛藤しています。ですから、会社の問題点だとか、上司の欠点だとかは、まったく気になりません。

私が米国で勤めていた時のアメリカ人上司たちは例外なくそうでした。「超」忙しくて、暇な人や仕事ができない人が会社や他人の評論や批判していた時でもまったく耳を貸さず、また一切関わらず、淡々とやるべき仕事を猛スピードでこなしていました。その姿を見ていて、短期間でトップを上り詰める人のすごさなるものをこの目で確かめることができたので、今から思えば彼らとそうやって少しでも一緒に働けたことは人生での最高の宝です。

その中で特に私が尊敬していた上司、ビル・ヒビットさんは、会社に勤めながら、いつ勉強しているのだろうと不思議になるくらい、CPA（公認会計士）、弁護士、法学博士と次々と資格を取っていきました。彼の口癖は「進まざるは後退」でした。彼にとっては、進んでいないことは、後退していることを意味するのです。その言葉通り彼は絶えず前へ前へと進もうとするのです。コンサルティングの専門分野、お客様サービス、部下への研修・教育・評価、会社や部署の体制などに関して、いつも斬新な案と戦略を持ち込みます。

ある時、ヒビットさんの提案で、同じ国際部の中で週に一回、朝七時から九時まで勉強会をすることになりました。参加者は、全員国際部門の専門トップ・プロフェッショナルです。それぞれが毎回交代で講師となり、自分の得意な分野で講義をし、参加者から質問を受けるのです。その時に講義をする内容を最も調べ把握していたのが、ヒビットさんでした。その勉強意欲たるものはすさまじいとしか言いようがないくらい、迫力満点でした。その勉強会で、一番の上司である彼が毎回一番吸収し進歩しているのは、誰の目から見ても明らかでした。

その彼も、今や十万人の会社の役員となり、まさに絵に描いたような出世をしたわけですが、元々彼はそれほど優秀ではなかったのです。同期入社組には、ハーバード大学を始め一流大学出身者がほとんどだったのですが、彼は米国では三流大学とされているケンタッキー州立大学出身です。彼の言葉を借りると「入社直後から『進まざるは後退』を肝に銘じ、誰がなんと言おうと、自らが信じる道を堂々と邁進してきた結果」なんだそうです。

出世のルール

59

会議のプロになる

出世する人は会議で発言することも、運営することも上手です。要するに発言している時は、会議に貢献できるように考え発言し、会議を運営する側にまわった時は、事前に式次第を準備し、会議中は脱線したり、無意味な議論内容にならないよう上手に誘導します。一人の人が会議を支配することがないよう最大の気を配ります。

ただ、議長や司会役ではないので、強引に会議を仕切ることはできません。どうするかというと、きめ細かい発言や質問をすることで、本来あるべき方向に会議の流れを持っていくのです。出世頭はこのテクニックが絶妙なのです。

会議で大切なのは、参加者ができるだけ議論に参加し、決めるべきことの賛否の判断ができるまで内容を理解させること。そして、終わりには「誰がいつまでに何をするか」「そのためにこの会議で何を決めなければならないのか」など具体的な行動計画（Action plan）を決めるまで持っていくことです。

よくあるのは、行き当たりばったりで発言し、会議で話し合うべき内容以外のことに話がそれてしまうことです。これは、会議参加者の時間をムダにするだけでなく、やる気までもなくさせます。同じメンバーで再度会議することになれば、次に参加し話し合うモチベーションまでなくなります。

不思議なもので出世する人は、特に議長や司会をお願いしたわけでもないのに、会議では目立たなくても実質的には効果的・効率的に流れを誘導していきます。それは、彼らの発言がより具体的、論理的、かつ明解なためでもあります。そのため、私は他社の会議に出ても、参加者の発言を聞いているだけで将来誰が出世できるかがわかります。

出世する人の発言の中身は、たとえ短くてもわかりやすくポイントをついているので、発言が終わる、もしくは途中でも、聞いている他の参加者に安堵感を与えます。そのため、「なるほど…」「さすが!」「いいこと言うね!」「深いなあ…」等の賞賛を得ます。

出世するということは、仕事の評価が高いということです。**一人でする仕事の評価は、見えない分難しいのですが、会議でのやりとりは、誰の目にもはっきりします。特に誰がプレゼンテーションやコミュニケーション能力があるかがよくわかる土俵でもあるのです。**

出世のルール

60

サインでわかる その人の性格と出世度

私には自分なりに発見したある特技があります。それは、英語で書いたサインを見れば、その人の性格、更にはその人が将来出世できるかどうかわかるのです。別に超人的な能力があるからではありません。知れば皆さん「なんだ～」と思うことですが、それが非常に当たるのです。

特に米国に二十年近くいた際、英語のサインから性格を分析して外れたことがないのです。残念ながら、日本に帰ってきてから、あまり英語のサインを見たことがありませんので、米国ほど絶対量はこなしていませんが、日本でも今まで例外なく当たっています。その判断基準は言葉で説明すると極めて単純なのです。**出世する人のサインは、比較的大きく勢いがあるのです。そのサインを見ると、まさにその人の人生観が表れているものなのです。**面白いもので、じゃあサインを変えようと思っても、なかなか変えられるものではありません。

私もできるだけ、他人から誉められる格好いいサインにしようと試みたのですが、いざ書き続けると、自然にいつもの自分スタイルに戻ってしまうのです。ちなみに、自分の英語でのサインから私の性格を分析すると、結構どうでもいいことで細かく、大事なことで大雑把。勢いはあるのですが、あり過ぎて「暴走族」並で、誰かが後ろでブレーキを踏んでいないと暴走しっぱなしとなります。「来る者拒まず、去る者追わず」で、昔からよく様々な占い師にも言われましたが、私の場合、大成功するか、大失敗するかのどちらかだそうです。

確かに、自分で自分の英語でのサインを分析してみると、同じような結果になります。大成功できるか、大失敗してしまうのか、今の段階では検討がつきません。あまり先のことをくよくよ考えていても、運が良くなるわけでもありませんので、それを肝に銘じ、できるだけ短所を出さないよう、賢者のアドバイスを受けながら、判断・実行することにしています。

もし、出世したり、成功できるかどうかを知りたければ、まず英語でサインを書いてみて下さい。意識せずに自然に書いて、そのサインに勢いがあれば出世・成功する可能性大です。ただ、勢いだけでわけのわからないサインをしていたら気をつけて下さい、仕事も組織での活動も、わけがわからないくらいグジャグジャになっています。サインも勢いはあるけれども、丁寧に書くようになれば、生き方も冷静かつ勢いがあるようになります。

出世のルール

61

出世する人は書く努力をする

出世する人を観察・研究していて気がつきました。彼らは日頃から文章を書く努力をしています。業務日報、日記、報告書、顧客への手紙、上司への提案書、部下への激励の手紙等々。本当によく書きます。それも書くだけではありません。その中に心打つ言葉やエピソードを入れたりもします。それも自然にです。

書くことを心がけている人はとても勉強家です。書くためには情報のインプットが必要です。インプットするためには、本、雑誌、新聞、インターネット、テレビなどを通じて絶えず情報を仕入れなければなりません。これはという情報を見つけた場合、忘れないために、その場ですぐに書きつけます。

どんな形式であれ、書く場合、論理的で簡潔でなければなりません。そうでなければ、書いても伝えたいポイントが伝わらないからです。そうなれば、何のために時間と労力を費やして書いたのか意味をなさないのです。ですから、書く場合、かなり深く考えて言葉や表現も選ばなければなりません。

実は私は大学を出るまで、読書は大の苦手でしたので、できるだけ本を読まないようにしてきました。笑われるかも知れませんが、大学に入るまでに読んだ本は二冊でした。『子鹿のバンビ』と『野口英世』です。それも母から強制的に読むよう言われ、しぶしぶ読もうとしたのです。それでも『子鹿のバンビ』はつまらな過ぎて途中で読破を挫折しました。当時、そんな状態でしたので、読書家を見ると、羨ましいのと妬ましい気持ちで複雑でした。私が大の読書家になったのは渡米してからです。米国に行って英語漬けになったら、日本語が恋しくてたまらなくなり、急に日本語の本を読むようになりました。

そして、米国で経営コンサルティング会社に勤めるようになってからは、思考能力を上げるためということで、とにかくよく報告書や提案書を書かされました。もちろん英語でです。そのお陰で、書く時必ず深く思考する癖がつき、今でも物事を深く掘り下げて考えなければならない時は、必ずポイントだけでも書きます。

出世を目指すならば努力してまめに書く訓練をすべきです。周りを見渡してみて下さい。出世している人は書くのが上手です。あたりまえです。彼らは書く努力をしていますから。

出世のルール
62

空気が読めない人は出世できない

「弊社は一九九七年二月の設立より、今日までソフトウェアの開発・販売業務に専念してまいりました。売上は年間約十五億円です。何かご質問ございますか?」

「ところで、貴社の田中専務は、ゴルフがお上手だそうで、先日の企業対抗ゴルフ大会で優勝されたと聞きます。すごいですね! 社長もゴルフがお上手なんでしょうね?」

「私は経営で忙しく、特にトップ営業もしている関係で、土日も関係なく全国を飛び回っております。とても時間的にゴルフをしている余裕はございませんので…」

「いや~残念ですね! 今度ぜひゴルフでもと思っておりましたが… どうしてですか?」

「はあ… あの… 申し訳ございません。ゴルフの話はちょっと…」

「いいじゃないですか。社長でいらっしゃるのですから、ゴルフくらいする余裕がないと」

これは実話です。初めてお会いしたのにもかかわらず、突然仕事と関係ない趣味の話をし、嫌がる相手を尻目に挙句の果てにそのお誘いです。誰が見ても相手はその返答振りで困惑しているのが明らかです。しかし、どんどんゴルフのみならず仕事とは無関係な話ばかりしようとするのです。無神経極まりない発言です。

経営コンサルタントとして、様々な会社の会議に出席しますが、このような場の空気が読めない人がよくいます。こんな発言をすることで、どれだけ場をしらけさせているか、発言者本人は気づいていないのです。

出世する人が持つべき最低の能力の一つとして挙げられるのが、場の空気が読めることです。これは教えてわかるものでもなく、本人自身が自覚し気をつけなければならないことです。**ポイントは話の流れを読み、どのタイミングでどんな発言をすべきかを、発言する前に読み取ることです。**通常、営業ではこの揚力は必須です。この能力のない人が営業した場合、どんなに素晴らしい会社の優れた商品やサービスでもなかなか売れなくなります。

実は一流大学出身のエリート社員にこの能力のない人が多いのです。理由は簡単です。勉強ができることから、昔からちやほやされてきたため、場の空気を読まなくても、周りの人が合わせてくれました。皆さんは、ちゃんと毎回場の空気を読んでいますか? 特に社外の人とのやり取りでは、これができないと命取りになります。

出世のルール

63

たいへんよくできました

出世する人の起業は自然

「起業するのにベストなタイミングっていつですか?」

先日起業志望の自称「出世頭」だという三十代前半位のサラリーマンから聞かれました。

出世する人の起業のタイミングは自然にやってきます。ただ、起業するタイミングにはパターンがあります。

それらは、①会社をクビになった時、②会社を辞めたくなった時、③起業したくなった時、④起業する準備が整った時、です。

しかし、このような時でも、**いざ起業しようとしたら、失敗した時のことを心配し、怖くなってできない人がほとんどです。そこで、引いてしまう人は出世できません。でも、出世する人はそれを恐れず、すんなりと自然体で起業します。**

私の場合、右記の４つの内、④の起業する準備が整ったので起業しようとしたのですが、現実にはなかなかできませんでした。それを知って、起業した方が長期的には私のためになると判断した上司は、泣く泣く突然私をクビにし、起業しなければならない状況に追い込んでくれたのです。

実際には、クビと言っても、雇われていた時の倍の報酬（顧問料）でアドバイザー（顧問）にしてくれましたので、これほど有難い「背中押し」はなかったのですが…今から考えれば、相談することで上司に私の独立する希望を知られた時が、私にとっての起業するベストなタイミングだったようです。そうでもなければ、おそらくいつまで経っても、起業するまでの勇気は出てこず、ずっと独立できなかったのかもしれません。

一方、ソフトバンクグループの孫正義代表、HISグループの澤田秀雄代表、パソナグループの南部靖之代表、ワタミグループの渡邉美樹代表など、ほとんど会社勤めせず、二十代前半で抵抗感なくすんなりと独立した出世頭の起業家もいます。彼らにとって起業は、特別なことではなく、出世街道の一つのプロセスだったのです。つまり、当時他の道は選択のチョイスになかったのです。

ここでおわかりのように、出世する人の起業は自然です。運命のようなものなので、悩むことなくできるのです。

出世のルール
64

知ったかぶりをしない

ある時、私は顧問先企業の社員でよく知ったかぶりをする人に出くわしました。その人と一緒に彼の会社の後輩と私が飲みに行った時のことです。彼が自信満々に言いました。

「○○○○を語らしたら俺の右にでる者はいないぞ！」

「先輩すごいですね！　そんなに詳しいのですか？」

「当たり前だよ。俺は歴史に強いんだから！」

「じゃあ、なんで○○○○はあの時××××をしたのですか？」

「△△△△だからだよ！」

「え！　すみません、私は、○○○○と同郷のためたまたま知っているのですが、○○○○があの時、××××をしたのは□□□□だからです。地元では有名な話です」

「うるせえ！　俺が△△△△だと言ったら間違いないんだ！」

なんとも気まずい会話です。先輩が知ったかぶりをしているのは、誰の目にも明確で、その場にいた後輩全員が、内心先輩を軽蔑したり、バカにしたりせざるを得ませんでした。

出世する人は絶対に知ったかぶりをしません。一方、知ったかぶりをする人はどこでもします。そうすると、このケースのように、自分より知っている人や本当のことを知っている人の前でも調子に乗って知ったかぶりをします。その瞬間、本当に知っている人は、知ったかぶりをする人の人間性を疑います。

このようなことを、知ったかぶりする人がどんどんするうちに、知ったかぶりをする人が、本当は正確なことを知らないのに知ったかぶりをしていることが、徐々にみんなに広まっていきます。知らないのは、本人だけで、「知らぬが仏」です。

私の周りにも知ったかぶりをする人が過去何人もいました。知ったかぶりをする人は、出世する人に仕事では勝てないので、知識を見せびらかしてなんとか優位を保とうとします。が、周りからすると醜く映ります。かえって評価を下げ、出世のチャンスを逃します。

逆に出世する人は謙虚なので、知らないことは正直に知らないと言い、誰に対しても教えを請います。そのため、出世する人はどんどん知識を増やし、いよいよ力をつけていきます。

ですから、出世を目指すなら、どんな時も絶対に知ったかぶりをしてはいけません。

出世のルール

65

基本をバカにせず徹底してやろう

尊敬する世界的なリーダーが「社会人としての生き方」について言われました。特に、「信用できない人間像」について、次のような人を挙げておられました。

・会社に遅刻する人
・無断欠勤する人
・退社時間が曖昧で、退社時間前からどこかへ消えてしまう人
・金銭的にルーズな人
・生活態度が不真面目な人
・口が上手い人
・変なお世辞を使う人
・言葉が真実性を帯びていない人

当然のことながら、このような人は出世どころか、時間の問題で会社や組織にはいられなくなります。何を言おうと信用されなくなるからです。彼らには共通点があります。基本をバカにし、疎かにするのです。勤務年数が増えれば増えるほど、ついつい甘えが出て、仕事の基本を無視します。もし、あなたの周りにこのような人がいたら、注意して下さい。そんな人とかかわったら、生活や仕事のリズムを崩されます。

出世する人は、まず社会人としての基本ができています。それも、他人の模範になるくらい徹底しています。ですから、右記パターンのまったく逆の言動をとる人です。何事においても、やはり基本が一番大事で、基本がきちっとできている人は、どんな応用にも対応できるものです。

米国で経営コンサルティング会社に勤めていた時、**出世する人は間違いなく基本が恐ろしくできていました。**例えば、私のアメリカ人上司たちは、私が仕えていた二年以上の期間、「無遅刻、無欠席、無早退」でした。出張の時は、二時間置きに部下である私にわざわざ電話してくるのです。どちらが上司かわからないほどでした。電話がかかってくる度にいつも恐縮しました。やはり、彼らはその後、出世頭となり、今は十万人以上いるプロフェッショナル・ファームの経営陣の一員になっています。

出世のルール

66

経営者感覚を持つ

会社で最も評価される社員は経営者感覚を持っている人です。なぜなら、経営者感覚を持っていれば、まず使う前にそれ以上稼ぐことを徹底していますし、経費もできるだけ使わないで、利益が出るよう全力を尽くします。会社にとっては有り難い存在です。

しかし、こんなレベルの高い意識を持った社員はそういませんので、その人は「超」スピード出世します。周りの上司がほっときません。気がついたら、経営陣の一員に入れられています。元々経営者感覚を持っているので、経営を任されても即戦力、つまりすぐに成果を出せます。日産自動車のカルロス・ゴーン元社長のようにです。

出世できない社員は、この経営者感覚がないのです。わかりやすく言いますと、自分の給料の三倍以上を稼ぐことへの責任感がないのです。自分が成果を出す出さないにかかわらず、決まった給料がもらえるわけですから、成果に対する貪欲さ、ハングリー精神がないのです。

経営者感覚というものは、教えられて身につくものではありません。例えサラリーマンとして雇われていても、本人は経営者として自覚し、経営者的に動けるか否かです。具体的には、とにかく稼いで利益を出すことに徹せられるか否かです。

弊社にも設立当初、アルバイトとして来ていた大学四年生であるにもかかわらず、既に経営者感覚を身につけている人がいました。ある時、彼にセミナーをするので最低三十人参加者を集めるように言いました。彼の真剣な努力にもかかわらず、十五人しか集まりませんでした。その時彼は、目標を達成できず会社に貢献できなかったことから、会社や私に対し、とても申し訳ない気持ちで一杯になったようです。それで、成果が出せていないので給料をもらう資格がないとの判断で給料も返却したいと言い出したのです。

結局、伝えてきた通り、彼は会社に給料を振り込み返してきました。大学生であるのに、そんな風に既に経営者感覚を持っていたことに驚かされました。それ以後、経営者と同じ意識と責任感で、彼は不可能・可能関係なく、成果を出せるよう全力で努力していました。

その努力が実って、彼は弊社を辞めた後、お父さんの会社を引き継ぎ、実質社長をしています。その会社はお父さんの代で潰れそうになったのですが、彼が引き継いでから、息を吹き返し、今では業績抜群の会社に変身しています。

出世のルール
67

問題発見能力だけでなく、問題解決能力もつけよう

「社長、大変です！　○○○○の問題があります！　どうして今まで放置してきたのでしょう？　とんでもないことです！　誰が悪いのでしょう？　責任問題ですよね！」

こんなことを言ってくる人を見ると、私は悲しくなります。まず、こんな人は出世できません。このタイプは圧倒的にエリートに多いのです。エリートに共通する点は、理想を考えるのが好きで得意です。とても合理的で、理論的なことを言っているのは間違いないのです。ただし、それはあくまでも現実から遊離した理想です。

会社は不完全な人の集合体で、現場では不合理で矛盾だらけです。それを一々見つけては大騒ぎし、責任追求していたのでは、混乱を招き時間とエネルギーのムダになります。上の人は、そんな理想主義的、非現実的な人を決して昇進させたいと思わないでしょう。時間ばかり使ってやたらと問題を発見し、ねちねち責任追及してくるということは、会社にとって

も大きなロスで迷惑なことです。出世できる人は、先ほどの発言も次のようになります。

「社長！ うちの会社は○○○○の問題点がありますが、それを解決するためには、□□□□すればいいと思います。もし、その解決策を実行するのに、適切な人がいなければ、ぜひ私にやらせて下さい。一生懸命やりますので！」

なんて清々しい発言でしょう！ 会社はこんな人に出世してもらいたいのです。

十年前、友人の社長が会社を良くするために経営コンサルタントを雇いました。そのコンサルタントは、クライアントである友人の会社の問題点ばかり指摘していました。問題点を見つけてくれるのは有り難いことですが、問題が見つかるや否や、クライアントの経営陣の責任追及と非難ばかりし、問題解決どころか、解決策すら提案しようとしないのです。

そもそも、クライアントは、問題があるからこそプロのコンサルタントに解決を頼むわけです。コンサルタントが評論家となり、クライアントの問題点だけを指摘・批判していたら、問題が悪化するだけで、お金を出してコンサルティングをお願いする意味がありません。

その話を聞いて、友人の社長にそのコンサルタントを辞めさせ、会社の有志に問題解決案を出させるよう言いました。すると、問題解決案を出したある若手社員が、本当にその問題を解決してしまったのです。それで社長は、彼を将来の社長候補として育て始めたのです。

出世のルール

68

たいへんよくできました

家族や恋人を味方につけよう

出世するということは、ある意味で戦いです。現場での競争相手は、先輩・同僚・後輩です。

例えば、主任、係長、課長、部長、本部長、執行役員、取締役、常務、専務、副社長、社長等々、あたりまえのことですが、上に行けば行くほど、ポストの数は少なくなります。

それでは、どうやってその大変な競争に生き残っていくのでしょう？ 他人と競争していたのでは、その競争相手の不運を喜ぶようになってしまいます。いずれにしても、会社に長くいると自分よりできる人はどんどん出てきます。とすると、その人々の言動で毎回一喜一憂しなければならなくなります。

出世競争に勝つための究極の競争相手は、実は「自分自身」です。そして、自分がいつも全力を尽くせるように環境を整えることが最大の勝因になるのです。環境とは周りの人々のことを言います。出世できない人は、そのことに気づいていないか、軽視しています。

自分がいつも全力を尽くせるためには、周りの人々の理解とサポートが必須なのです。人間は弱く、一人では大したことはできませんから。特に、大変であればあるほど精神的に支えてくれる周りの人が必要です。

その周りの人とは、結婚していれば、配偶者、独身であれば、恋人、両親など身近にいる親族です。**家族や恋人を味方にしておけば、仕事のために協力してくれます。また、仕事に熱中しても、非難されることもなく、長期的に頑張れ成果も出しやすくなります。**

私の友人で、とても優秀で仕事ができる人がいました。一流大学卒業後、国費で米国のトップビジネススクールに留学し、大手コンサルティング会社に就職しました。平日は深夜まで働き、祭日・土日も出勤し、モーレツに仕事をしていたのです。元々「超」優秀な上、人よりも働いていたため、成績も抜群でどんどん昇進していきました。正に出世街道まっしぐらでした。社内では将来の社長候補として名前が挙っていたほどです。

ところが、ある晩家に帰ったら、置き手紙が。差出人は奥さんで、もう「未亡人」のような一人の生活に疲れたから離婚してほしい、そして離婚できるまで会わないとのこと。結局、離婚しましたが、彼はその後、極端に元気をなくし、仕事で大きなミスや失敗ばかりするようになりました。ついには「窓際族」にされ、最後はリストラされてしまいました。

出世のルール
69
よくできました たいへん

何でも具体化・数値化しよう

「さて、これから今年最初の朝礼を始めます。それでは、各人に今年の目標や豊富を語ってもらいます。じゃあ、トップバッターに、昨年成績が振るわなかったが、新年早々やる気満々そうなA君どうだ！」

「はい、課長！　明けましておめでとうございます。トップ指名ありがとうございます。その期待にお応えするため、今年は課のお荷物にならないよう、今日から、動いて動いて動きまくって成果が出るよう頑張ります！　以上です！」

「え〜A君、それだけ？　去年もそんなこと言ってたんじゃない？　気合いばかりで、なんかあまり進歩がないなあ・・・　具体性に欠けてるんだよなあ・・・　それじゃあ、入社以来上位成績を維持し、昨年は遂に本部で営業成績トップになったB君、何か一言頼むよ」

「ありがとうございます、課長！　昨年はとてもラッキーでした。しかし、まだまだです。

できなかったことは沢山ありましたから。ですから、今年は、毎朝必ず一時間前に出社し、一日の具体的な数字に落とし込んだ行動計画と営業戦略・戦術をしっかり立てます。また、毎日四社以上の企業訪問をし、毎月八社以上の新規顧客獲得を目指します！」

「さすがB君だ！　具体的でわかり易い目標だね。数字で自分で自分を追い込むところがすごいなあ…　目標が去年の数字をはるかに上回っているね！　すごい気迫だ！　今年もまたトップになる勢いだね…」

出世する人の共通点の一つは、目標やノルマを含め何でも具体化・数値化することです。

逆に、出世できない人は、絶対的な数字で持ってコミットしません。数字ではなく相対的な目標を立て、「必死で頑張ります！」とか「死ぬ気でやりとげます！」だとか言って「根性論」を説きます。極めて曖昧です。根性だけでは成果はでません。具体的な数値目標がないと、どれだけ成果が出たのか、どの程度努力すればいいのかがわかりません。

会社はあなたに頑張ってもらいたいのですが、それは成果を出してもらいたいからです。ですから、何でも明確に数値化させ、その具体的な目標に向かって挑戦する人を評価します。

具体化・数値化すると、曖昧なことがなくなり頑張りやすいのです。出世する人は、それで成功体験を積み重ねてきているので、常日頃から具体化・数値化が自然とできるのです。

出世のルール

70

たいへんよくできました

「生命力」をつけよう

私は高校生の時、「天海君」というあだ名で呼ばれていました。理由は、「いつもニコニコしていて、何があっても微動だにしなかった（?）」からなのだそうです。それは、まったくビックリです。微動だにしないどころか、何かある毎に心の中では大きく動揺していました。ただ、通常、ぼ～としていたので、それが外に出ていなかっただけなのです。

しかし、その時、何があっても悠々としているように見られることは、とても得することだと気づきました。自然と一目置かれ変な誤解をされるのです。高く評価されるのです。

「あいつは大したものだ！　いつも堂々としている。大物になるに違いない！」と。

大勘違いです。お陰で絶えず周りの人から様々なことを相談されるはめになりました。ただ、人助けは好きでしたので、いろいろな人から相談を受けても結構エンジョイしてました。

「こんなバカな僕でも役に立つこともあるんだ！」と。

相談をされると、そんな風に良い方に良い方に受け取り、一人盛り上がっていました。

ところで、なんで私が「何があっても微動だにしなかったように見られたか?」です。原因として思い当たることがあります。それは、小さい頃、母によく言われたことです。

「直太は男なんだから、何があっても堂々としている振りをしていなさい! 坂本竜馬や西郷隆盛のように、『武士は食わねど高楊枝』(ご飯を食べていないのでお腹が空いているのに、長い楊枝で食べかすをとっているように見せることで、いかにも満腹であるかの如く振舞うこと)の精神で、武士の如く痩せ我慢して生きなさい。そしたら将来出世できるから」

これが、無意識で頭の中にいつも残っており、自然と行動に出るようです。

皆さん、「生命力」って聞いたことがありますか? 字の通り、「生命の力」を意味します。

人間には生命が宿っていて、それが感情や精神に大きく影響を及ぼします。「生命力」がつけば出世のみならず、他人に対して激励できる心の余裕が出てきます。

ですから、気がついたら、周りの人から慕われ、高く評価され、結果的にどんどん出世していくのです。大人になってわかったのですが、母が言っていたのは、究極的には「生命力」を高めることだったのです。二十年以上日米アジアで様々な方とお会いして言えることは、出世できる人は、高い「生命力」を維持できる人なのです。

出世のルール

71

まず「出世する！」と決めた者が勝つ

「出世したいなあ……」と思っている人は多いと思います。でも、そのほとんどの人は出世できません。何故でしょう？　答えは簡単です。ただの願望で終わっているからです。

出世するのに大事なことは、まず「出世する！」と決めることです。その決意が固ければ固いほど、出世できる可能性が高くなります。なぜなら、**一度出世すると真剣に決めたなら、達成できるよう、一生懸命努力するようになります。また、そのためにいろいろなことを我慢するようになるからです。**

何かを得たければ、何かを我慢しなければなりません。だから人間として成長し、周りからの評価も高まり、出世させてもらえるのです。仕事だけできてもダメです。人間性が良くなければ、周りの人は、あなたに偉くなってもらいたいと思いません。逆に、非難されたり邪魔されたりするのです。

昔ある大手商社の顧問を六年程していた時のことです。その当初、入社して五年目という同期の二人の社員AさんとBさんが、私が担当する事業開発部に移動になってきました。Aさんは一流大学卒で、在学中は勉強だけしていたため、学業成績は抜群でした。

一方Bさんは、地方の無名私立大学出身でした。その大学からBさんが、初めてその一流商社に入ったのです。Bさんは大学在学中、成績は良くなかったのですが、体と精神を鍛えるため、ラグビー部に入り、毎日練習に明け暮れていました。

何事にも目標を決め、人を引っ張っていくタイプでしたので、周りからの強い要望で、Bさんは、三年生からキャプテンをすることになったのです。キャプテンになるとすぐに、Bさんは、「県大会優勝」という一大目標を掲げ、本当に弱かったチームをまとめ、県大会で準優勝するまでにしました。

この二人と私は、六年間一緒に仕事をしました。その間、Aさんは相変わらずずっと無役職でしたが、Bさんは、主任、係長、課長とどんどん出世していきました。

二人には決定的な違いがありました。Aさんは、「時が来れば昇進できるだろう」と受け身だったのですが、Bさんは「自分の力で出世するぞ！」と決意をし、その部署のためになることや評価されることは何でも挑戦し、どんどん成果を出していったのです。

出世のルール 72

反省しない人は出世できない

「あれ？　頼んだことと違うじゃないか！　A君どうなっているんだ？」

「は？　課長がおっしゃったようにしたのですが？」

「そんな指示出していないよ！　○○○○するようには頼んだけど、これじゃあないよ！」

「でも、確かに課長はそうおっしゃいましたけど……」

「非常に大事なことだから、間違わないよう念を押して頼んだはずだぞ！　A君、勘弁してくれよ！　どうして間違えを素直に認めて謝らないんだ？」

職場でこんな会話を聞いたことありませんか？　私は、顧問先でよく出くわします。

最近、反省しない人が増えてきているようです。反省しないどころか、ミスしたり間違えても、自分を正当化し、他人のせいにしたりする人が多くなってきているのではないでしょうか。家庭や学校で、道徳や倫理をあまり教えなくなったからでしょうか？

言い訳をすれば、その時はそれでごまかせて面子が立つかも知れません。しかし、ミスや間違えを素直に受け入れ、反省しない人は、時間の問題で他人にわかるものです。そして、誰も本音で話したり、つき合わなくなります。

不思議なもので、反省しない人ほど、自分を正当化するのが上手く、人の評論や批判をすることが見事です。黙って聞いていると、理論的に堂々と主張するので、政治家や評論家のスピーチのようです。でも、その言動から「傲慢」さは伝わってきます。たとえ頭が良くて話が上手でも、また一時的に人を騙せても、すぐに、そのずるさが相手にバレてしまいます。悲劇は、本人が気づかないのです。

上司を含めて職場の周りの人は、反省しない人であることがわかるや否や、その人を「危険人物」と見ます。ですから、出世どころではありません。下手をすると左遷させられます。反省しない人は、逃げ口上や理屈づけが上手いので、実は頭のいい人に多いのです。また、同僚や部下に平気で「ここが間違っているから、直した方がいい！」と、嫌がる相手が認めるまで個人攻撃をし続けます。さも自分は完璧な言動をしているかのように振る舞う人です。こういう人に限って、わがままで傲慢、かつ自分に甘いのです。

「出世できる人＝謙虚に反省できる人」であることを肝に銘じた言動でいたいものです。

出世のルール

73

自慢をしない

「すごいなあ！　おそらく創業以来の最年少課長じゃない？　羨ましいなあ……」

「何言ってるんだよ！　高々ちょっと人より早く課長になっただけじゃないか。お前だって、すぐに課長になるよ！」

「わからないよ。俺はお前みたいに仕事もできるわけじゃないし、人望がないからなあ……お前は、同期の出世頭だから、ぜひ俺たちの分まで頑張ってくれよ！」

たまたま、顧問先の担当者、Ａさんが課長になるということで、Ａさんが親しい同期入社の友人たちが彼のために祝賀会を行いました。私も招待を受けて参加し、隣に座っていたＡさんと彼の親友との会話が自然に聞こえてきました。

「Ａさんらしいなあ……」と思ったのは、私だけではないと思います。**彼はいつも高い目標を設定し、それを達成すると、また更に高い目標を再設定するのです。出世できる人の典**

型的なタイプです。つまり、どんなに成果を出しても決して驕らず満足することもないのです。

出世する人は自慢しません。なぜでしょう? 目標が高いので、多少仕事ができたり、出世したぐらいでは、自慢するに値しないのです。もっともっと伸びたいと願っているので、逆に将来の夢からすると、現状ではまだまだと思っています。

だからといって、出世できない人たちを見下げたりすることはありません。すべてにおいて成長しようとしているので、誰からも学ぼうとするのです。ですから、出世できない人でも、仕事ができない人でも、彼らの何か得意なことや長所を探して学ぼうとします。

そんな何事にも謙虚に全力で真剣に当ることから、出世できる原因を積んでいるのです。出世する人は、高々ちょっとした、課長や部長のような役職を目標にはしません。目標はもっともっと高いのです。

先日、トヨタ自動車の社長に抜擢された渡辺捷昭さんは、正に典型的な出世タイプです。初めてお会いした時は、既に常務をされていたのですが、非常に謙虚でありながら、威厳があり、何か大きなものや将来を見られている印象を受けました。よく言われる「大きな器」の人という感じでした。感心したのは、とにかく人の話をよく聞き、人を褒めるのです。社長になられたこれからも、もっともっと出世されることでしょう。

出世のルール

74

たいへんよくできました

徹底した対話を

皆さんご存知でしょうか？　すべての問題が起こる根本的な理由が何であるかを。実は対話が欠けているために起こる誤解からなのです。ですから、どんな問題も、当事者間での直接の誠実な対話で解決できるのです。これはあたりまえ中のあたりまえです。

そして、これは、悪意がある人は除いて、年齢・性別・国籍・人種・教育・育った環境・母国語など違っていても、どんな人間社会でも通用するユニバーサルなルールです。二十年近く米国にいて、様々な人種・国の人と、お付き合いしてみて痛感しました。

ところが、今若い人々は直接の対話をしません。ほとんどメールか電話で済ませます。それでもまだいい方です。連絡すら取らない人がほとんどなのです。驚くことは、会社でも、隣同士に座っていても、直接話さないでメールでコミュニケーションを取り合うのです。

対話はとても大事です。メールと違って、対話は体全体を使って話したり聞いたりしますから、お互いとても理解し易くなります。自分の言うことを真剣に聞いてくれるだけで、相手に親近感を覚え、今度は相手を理解しようと努力し始めます。話す中身以上に、直接対話による時間の共有は、お互いの心のドアを開き距離を縮めてくれるものです。

出世するということは、周りの人や上司にリーダー（候補）として認められるということです。リーダーとして最も大事な能力の一つは、リードする組織とそのメンバーを理解し、またリーダーとしての自分を理解をしてもらい、信頼を得、ついてきてもらうことです。そうでなければ、リーダーは務まりません。

皆さんの周りで、人よりも早く出世してきた人、つまりスピード出世してきた人がいたら、ぜひその人を研究してみて下さい。普段はあまりその人と接したり、知るきっかけがないため、どうしてその人がそれだけ早く出世できたのか、わからなかったことでしょう。間違いなくその人は組織のメンバーと徹底的に誠実に対話をしてきた人です。

米国で経営コンサルティング会社に勤めていた際、「超」スピード出世してきたアメリカ人を上司に持ちました。仕事もできるのですが、彼の「対話力」たるものは、人並み外れたものがありました。上司、同僚、部下、取引先、顧客、外部アドバイザーと、どんなに忙しくてもできるだけ時間を作っては一対一の本音の対話をするのです。

出世のルール

75

他人の失敗やミスを許し、逆にそこから学ぶ

「失敗やミスから学ぼう！」よく聞くことです。私もそう思います。**人生において、いきなり成功できることより、失敗やミスをする方が圧倒的に多いのです。ですから、自ら犯した失敗やミスを反省し、そこから学ばなければ、何度も同じ失敗やミスをします。それが、いわゆる「人間が持っている行動の傾向性」なのです。**

具体的に「行動の傾向性」を説明しますと、忘れっぽい人は、いざという時も大事なものを持ってくることを忘れてしまいます。いつも急いでいる人は、重要な問題が出てきても、周りやプロに相談することなく、主観的に慌てて決めるので間違えてしまいます。

人間である以上、必ず皆この「行動の傾向性」を持っています。ですから、同じ間違いをよくします。頭ではわかっていてもです。しかし、絶えずしっかり自己管理をすること、即ち自分の弱き傾向性が出ることで、何かをしなければならない時は、どうするか事前にルー

ルを決め、その通り動くことで同じ間違いを回避できるのです。

忘れっぽい人は、いつも事前に持っていくものをメモにするなり、持っていかなければならないものを一定の場所において置くなどの工夫が必要です。慌てて物事を決めて失敗する傾向のある人は、事前に相談する相手を分野毎に複数決めておき、いつでもスピーディーにアドバイスが受けられる体制を整えておけばいいのです。

ここで、もう一つ大事なことがあります。自分が犯した失敗やミスは、自らが体験するわけですから、その具体的な内容やそれによる痛みもわかります。反省と共に理由を分析し、次からの回避策を用意しやすいのです。

しかし、他人が犯した失敗やミスは、客観的にはわかりますが、当事者でないため、細かいことがわかりません。「どうして、そんなバカな失敗（ミス）を犯すんだ！　俺だったら、死んでもそんなバカな失敗しないよ！」。よくこんな指摘をする人がいます。

本当でしょうか？　米国で経営統計学の研究をしていた際、「他人が犯した失敗やミスを、将来自分が別の状況で犯す確率は、統計上六割近い」こと、そして、「仕事ができ出世する人は、他人の失敗やミスを許すのみならず、実はそこから学び、同じような失敗やミスを犯さないよう記録し、防止策を考える傾向性がある」ことがわかりました。ぜひ試してみて下さい。

出世のルール
76

皆から好かれる人になる

「出世のためにも、皆から好かれる人になろう!」。これぐらい、言うのは簡単かつあたりまえのことで、なかなかできないことも少ないものです。

私自身、前の会社に勤務していた時に、実践しようとしてチャレンジしましたが、好かれるどころか、チョッとした行動で誤解され、周りから嫌われてしまい、それから好かれるようになるまで、毎日格闘の日々が続きました。**「人から好かれることは、人から嫌われることより、数倍、数十倍難しい」**というのが、私の実感です。また、一歩間違えれば、俗に言う「八方美人」にされてしまい、逆に最後には「あいつはすぐ他人に迎合する!」とか「みんなにいい顔する二重人格者だ!」ということで、軽蔑され、結局嫌われてしまうのです。

それではどうしたら皆から好かれる人になれるのでしょうか? まず、出世のために好かれようとすることは、偽善になるので止めるべきです。それよりも、「どこに行っても、組織、会社、社会に役立つ人間になろう！」と、「人間性の向上」を目指すべきでしょう。人間性が向上すれば、他人は黙っていてもわかり、評価してくれます。大好きになってくれます。

その「人間性の向上」をするのに、一番効果が上がることがあります。それは、チャレンジャブルではありますが、実はそれほど難しいことではないのです。一言で言うと、何事も「誠実」に行うことなのです。

二十年近く、米国で様々な国・人種の人々と接してきて、誠実に対応していれば、時間の問題でこちらを好きになってくれることを何度も体験しました。最初、相手が喧嘩っぽくて、喧々諤々の状況だった時も、誠実さだけは忘れず、対応していたところ、感心してくれました。「あなたがやることならば、すべて応援します」という信じられない言葉を頂きました。

また、米国の大手レストランが日本進出にあたり、パートナーを探していた際、すでに日本の大手企業がそのパートナーとして決まりかかっていました。ところが、後からパートナーになりたいということで手を上げてきたワタミの渡邉美樹社長は、誠実にその米国企業の経営陣に対応したため、米国企業もアッという間に、ワタミに乗り換えたのです。

たった三十分のスピーチで、渡邉社長は、初めて会った米国企業の経営陣を大好きにさせてしまいました。たかが三十分でしたが、そこには心温まる誠実な言動があったのです。

出世のルール

77

メモ取りのプロに

私は、仕事に関する講演をするとき、必ず「メモ魔になろう!」と言っています。仕事の上でいかにメモを取ることが大切かを強調するためです。人は大事なことを伝えようとしている時、一生懸命聞いてもらいたいものです。

その最も真剣に聞く方法が、メモを取ることです。メモをするということは、話している相手に敬意を払い、忘れないようにしよう、そして、後でもう一度読んで、理解し応用しようとの意思の表れです。ですから、話す側も更に真剣になり、力を込めて説明します。

一流のプロフェッショナルであるかどうかを判断する基準の一つに、相手が話している時、効果的なメモを取っているかが挙げられます。その意味は、ただ単にメモっているだけではなく、後で読み返した時、どれだけ効果的・効率的に使えるかを指します。

仕事ができる人、出世できる人ほど、とにかくよくメモをとります。しかし、だらだら書いているのとは違います。ポイントだけ書き、すぐに後でレビューしたり、使えるよう、書き方や書くところを工夫しています。つまり、メモ取りのプロなのです。彼らは、仕事ができる分、会社に当てにされ、どんどん更に仕事を頼まれます。そして、プライベートな時間には、個人としての勉強をするのです。ですから、とにかく時間がないのです。それだけ、真剣に勉強し、働いているので、出世ができるのです。

ですから、その人が出世できるかどうかは、メモの取り方を見ていればわかります。勿論、メモを取らない人は論外です。私の知る限り、仕事ができ出世した人で、人が大事な話をしている際、メモをとらない人は知りません。それだけ、プロのビジネスの世界では、メモは大切な武器なのです。

最近、近い将来起業したいと言う気骨のある何人かの学生と定期的に会うようになりました。彼らは、とても学生とは思えないぐらい、ハングリー精神があり、先輩社会人からの誰からも貪欲に学ぼうとしています。彼らのメモを取る姿を見て、就職しても起業しても、必ず成功する「オーラ」を感じます。世界最大のPCメーカー、デル・コンピュータの創業者、マイケル・デル会長がテキサス大学の貧乏学生だった頃、丁度出会った時を思い出させるかのようです。当時、彼も一生懸命に我々日本人が言うことを効率的にメモしていました。

出世のルール

78

たいへんよくできました

絶対に諦めない

長いキャリア人生において、一時期自分がやりたくない仕事の部署に回されたり、場合によっては、「左遷」させられることも出てきます。その人が、人間として一流、また本物かは、その時にどうするかでわかるものです。

意にそぐわない部署に回されたり、「左遷」させられることで、腐ってしまい、「頑張ってもしょせん評価されないのだ」とか「それなら、これからは仕事もほどほどにしよう」ということで、急に手抜きを始める人が多いのです。それは大きな間違いです。

私が知る限り、大企業を含めサラリーマン社長をしている人で、入社してから一度も、イヤな部署に回されなかったこと、もしくは、左遷歴のない人は一人もいません。仕事もでき、皆から好かれる人でも、必ず一度はそのような辛い立場に追い込まれます。

逆に、大企業で今社長をしている人でも、係長、課長、部長時代には、将来の「窓際族」や「リストラ」対象者として、出世にほど遠い立場にいた人が意外に多いのです。

ある程度、仕事ができ人望があれば、ある程度の出世はできます。係長、課長、部長クラスですと、ポストも多いので、その程度の立場につくことは、できる人にとっては、そう難しいことではありません。ところが、本部長、取締役、常務、専務、副社長、社長と、上にいけばいくほど、ただ単に仕事ができたり、人から好かれるでは、なかなかそのような要職にはつけません。そこでは、「運」も非常に大事になってきます。

私は、入社当時とにかく仕事ができませんでしたので、苛められることも多く、それ以上に、何度も辞めさせられそうになりました。「どうせいつか辞めさせられるなら、これ以上もうできないという位、精一杯頑張ろう！　それで辞めさせられたら本望だ！」ということで、絶対に諦めないで、毎日与えられた仕事に全力で打ち込んでいました。そうしたところ、急に、部署が変わったのです。

それで、たまたま途中からついた上司は、「超」仕事ができ、「超」人望があり、「超」強運の人でした。そのため、彼が出世する毎に、部下である私もセットで、役職と報酬が上がっていったのです。非常にラッキーでしたが、もし前の部署で出世を諦めていたらその昇進も昇給もあり得ませんでした。

出世のルール

79

バカな同僚や部下を持ったら

自分では一生懸命頑張って、担当した仕事の部分において、自信を持ってレベルの高いものにしたにもかかわらず、組んだ同僚や使った部下のレベルが低かったため、出来上がった最終の仕事が酷いものだったら、とても困惑しませんか？　「あ〜あ〜失敗した！　自分だけで全部やった方が、良かったなあ……」とか「なんて私は不運なんだろう！　こんなレベルの低い同僚や部下に囲まれて……今度から、一人でやるぞ！」と。

しかし、現実には、部署としての仕事であり、チームでやらなければならない作業です。ただ、それによって、できるはずのあなたの対外的な評価はなかなか上がらないのも現実です。**チームで行った仕事の全体のレベルが低ければ、その一員であるあなたの評価が高くなるはずがありません。全体責任ですから。**

恐ろしいことに、その部署の、そのチームにいて、そのバカな同僚と部下と一緒に仕事をしている限り、あなたの評価がずっと上がらなくなる可能性大なのです。どうしたらいいのでしょう？

そんな状況下では、あなたが勇気を出して、リーダーとして名乗りをあげ、公式でも非公式でもどちらでもいいので、実質的なチームリーダーとして、仕事やプロジェクトを仕切ることをお薦めします。できない同僚や部下はどこの部署に行っても必ずいます。いるどころか、おそらく、普通の会社なら、どこの部署もほとんどができない社員でしょう。

ですから、できない同僚や部下とは、どの会社に行こうと、どの部署に配属になろうとも、その組織で働く以上、ずっとつき合わなければならないのです。問題は、その中で、あなたが受身の立場を維持することです。受身である限り、また一メンバーである限り、レベルの低いチームのメンバーにあなたも仕事のレベルを合わさざるを得ないのです。

チームリーダーは、一番仕事ができ、一番リーダーシップが取れる人がやるべきです。組織ですから、間違えて、そうならない人事をしてしまうことも往々にしてあります。そんな時、遠慮しないで、組織や上司から承認を得て、積極的にリーダーシップを発揮しましょう！

そうすることが、返ってあなたの評価を高め、出世できる可能性が高くなります。結局、組織や会社への貢献度から出世が決まるのですから、遠慮する必要はまったくありません。

出世のルール

80

異文化を学べば出世し易くなる

先日、ある大企業で、「超」スピード出世している人に、出世している理由を聞いてみました。そうしたら意外な答えが返ってきました。

「**語学ができれば出世し易くなります。私の場合は英語ですが、英語そのものができるからではなく、英語ができるようになるまでに、いろいろ努力・工夫・修行したからだと思います。**つまり、英語を習得することを通じて、異国の文化、歴史、教育制度、主な宗教、考え方、価値観、風土、商慣習などを徹底的に学びました。そうでないと、結局それらが言語や国を形成してきたわけですから、英語そのものが理解できませんし、ある程度で伸び悩むからです。だから、出世するには、語学を通じて、異文化を学ぶべきです。そうすると、リーダーになるために必要な融通性、対応能力、他人の違う価値観への理解力が身につくと思います」

確かに、様々な会社や組織に対してコンサルティングをしてきて、語学が本当にできる本物の人は、人間的にも器が大きく、融通性もあり、他人や他の組織を理解しようと、素直に努力しています。ですから、異文化を学んできたことでリーダーとしての資質を身につけているため、出世し易くなります。

異文化では、日本では「あたりまえ」や「常識」と判断されることでも、なかなか「あたりまえ」や「常識」として通らないのです。かえって、日本での「あたりまえ」や「常識」が、その文化では、「考えられないこと」や「非常識」になってしまいます。

これから、どんどん国際化が進みます。帰国子女や外国人従業員・投資家、また国際取引が増える中、語学、特に英語ができないと、出世上大きなハンディキャップになります。語学以上に、国際的なセンスで仕事ができない人は、間違いなく出世争いから外れていきます。今からでも遅くないので、ぜひ語学を通じて異文化に接し学んでいきましょう!

私も高校三年生の夏休みに、米国でホームステイを一ヶ月経験し、初めて異文化に接しました。世の中にはいろいろな考え方や価値観があるのに、驚くと共に、自分の考えの狭さ、人間としての器の小ささを痛感した次第です。

当時、年齢・性別・人種・出身国の違いを乗り越え、同じ目的に向かって協力し合うことのすごさを目の当たりにしました。今、正にビジネスの世界がそうなってきています。

出世のルール

81

通勤時間や移動時間をフル活用する

その人が出世できるかどうか判断するのに、割と当たる見るべきポイントがあります。それは、通勤時間や移動時間などの空白時間の過ごし方を見ることです。その時間に、寝たり、三流雑誌や漫画を読んでいたり、ボーとしていたら、まずその人は出世できません。なぜなら、時間を惜しんで自己向上する意欲がないからです。出世する人にはそれが必要なのです。

仕事は戦いです。自己との戦い、また競争相手との戦いでもあります。人によっては楽しい戦いにもなり、苦しい戦いにもなります。競争相手が一生懸命瞬時も惜しんで勉強している時に、寝ていたり、三流雑誌や漫画を読んでいたり、漫然ボーとしていて勝てますか?

ただ、一生懸命働いた後、次の戦いに備えるために、息抜きや気分転換であれば、わかります。しかし、仕事をした後、息抜きしなければならないのは、仕事が充実していないか、いやいやながらしている証拠です。仕事のできる出世頭たちは、仕事が趣味であり、息抜きでもあるのです。そんな人たちに勝つためには、仕事が楽しくできるようにすべきでしょう。

世の中には、仕事が楽しくてしょうがないという人はいっぱいいます。そんな人たち相手に、出世競争をしなければならないとしたら、「仕事が嫌いだから楽させて下さい。でも出世もしたいです」なんて虫のいいことは言っていられません。とにかく戦いですから。

通勤時間や移動時間をムダにする人で出世できた人を、私は知りません。「一事が万事」で、空白時間をムダにする人が、他人との真剣な出世競争に勝てるわけがありません。もし、本当に出世したければ、願望だけで終わらせないで、努力と実践あるのみです。

人によってスタイルや効率・効果が違うでしょうから、自分に合ったやり方で、実力をつけていきましょう！

私の場合、米国で大手国際会計・経営コンサルティング会社に十年勤めていましたが、当時はスピード出世させて頂きました。自分に実力があったからではありません。上司に力があり、引き上げてもらったのです。ただ、数多い部下の中で、なぜ上司が私を引き上げてくれたのかは不思議でしょうがありませんでした。それで、独立する際に聞いたのです。そしたら、彼は一言。

「君はいつも時間を惜しんで何事にも一生懸命だからさ」。努力は報われていたのです。

出世のルール

82

たいへんよくできました

自分の市場価値を上げる

「あ〜ぁ、イヤになっちゃうよな。上司のみならず、会社も僕の存在価値を認めてくれないんだ・・・」

「なんでそんなことがわかるの?」

「さっき、課長と喧嘩して、あまりにも僕のことを評価してくれないから、『じゃあ、他の会社は僕のことをもっと評価してくれるでしょうから、辞めます!』とたんかを切ったんだ。そしたら、『それなら、辞めたらいいよ。部長も君はうちに合わないと言ってるから』だって。もう会社にいるの、イヤになったよ!」

たまたま、顧問先の社長と居酒屋に飲みに行った際、隣のテーブルに座っていた若者二人の声が大きくて、自然と話が聞こえてきました。それで、以前にある人事コンサルタントと一緒に講演をした際に、そのコンサルタントが話していたことを思い出しました。

「企業にある程度勤めると、自分の市場価値がわからなくなります。自分では結構仕事ができるので、市場価値が高いと思っている社員は多いのですが、実際は、専門知識や特殊な技能がいるわけでもない事務的な仕事や、誰でもできるコーディネーター的な仕事ばかりやってきているので、市場価値は、新入社員とそれほど変わらないのです」

私のコンサルティング経験から、自分の市場価値が高いと思っている人ほど、実際の市場価値は低いのです。つまり、そもそも自分に甘い人は、あまり努力しない人ですから、普段から専門能力や実績面での努力をしない人です。そんな人に客観的な労働市場が、高い評価をつけるはずがありません。

面白いもので、仕事ができる人、出世する人ほど、自分への評価が厳しいので、自分自身の能力や価値は大したことないと思っています。目標が高いため、どんなに成果を出しても、高い目標から比べるとまだまだ劣るわけです。

ですから、**自分の市場価値を上げるために、まず具体的な高い目標を持つべきでしょう。そして、自分は今何がどのくらいできるのか、またプロとして何がどのくらいできるべきなのかを、絶えず明確にし、意識してその分野で力をつけるべきでしょう。**それが出世のためには欠かせません。また、そのために、ビジネススクールやセミナーに参加するのも手です。

出世のルール

83

たいへんよくできました

勉強は出世の絶対条件

今、世の中は、凄いスピードで大きく変化しています。**あまりの変化とその速さに、もう、過去の経験・知識・ノウハウはまったく役に立たなくなってきました。ですから、これからが勝負で、今から勉強した人と、そうでない人とは後々大きく差がついてきます。**

まさに、数年経ったら、勉強した人が勝ち組で、しなかった人は負け組みとして明確に差がつきます。

勉強はすべての原点です。私は今ビジネスにおいて、勉強ぐらい大事なことはないと思っています。将来の出世も、今毎日どれだけ勉強したかで決まることでしょう。

テキサス大学経営大学院（ビジネススクール）で教えていた時、勉強することがどれだけ仕事を円滑にするか次のように説明していました。

「STUDY（勉強）→WISDOM（知恵）→PLAN（計画）→EXECUTION（実行）→

「FEEDBACK（フィードバック）→STUDY（勉強）」

まず、勉強すれば、知恵が湧きます。知恵が湧けば、いい計画ができます。計画ができたら、後は実行あるのみです。実行して結果が出たら、そのフィードバックがほしいですね。フィードバックがもらえれば、それをまた勉強すればいいのです。私はこれを「二十一世紀における勝ち組になるためのサイクル」として、今、講演・執筆活動を通じて広めています。

ここで見て頂ければおわかりの通り、すべては勉強次第です。勉強ができれば、心が豊かになり、余裕が出てきます。従って知恵も出てくるのです。知恵が出てくれば、すばらしい計画が準備できます。そして、後は具体的な計画に落とし込み、実行するのみです。

しかし、実行するだけでは不十分です。実行したことに関するフィードバックをもらい、それを反映させ、更に進化させることがリーダーとして必要不可欠なのです。そうでないと、失敗したことが失敗のままで生きてきません。そして、何度も何度も同じ間違えやミスをすることでしょう。

フィードバックを得ることで、次への勉強にさらにつながります。このサイクルに乗って勉強した人は、どんどん成果が出せるのです。ぜひ試してみて下さい。出世は後からついてきます。

出世のルール

84

「委任力」をつける

本当に仕事ができる人は、全部自分でやろうとはしません。どんなに仕事ができる人でも、一人では大したことができないということを熟知しているからです。ですから、何かで自分よりできる人が周りにいたら、その人にその部分をやってもらえるよう上手く仕向けます。

特に自分が不得意なことがあれば、それを得意な人にやってもらえれば、正確かつ早く終わります。自分でやるよりできる人に頼むことは、あなた、頼まれた人、頼んできた上司、の三者がハッピーになれるのです。

これを私は「委任力」と呼んでいますが、この「委任力」がない人が非常に多いのです。そのため、自分で何でもやらざるを得ないのです。その中では苦手なことも多いので、仕事は遅く不正確になります。頼んだ上司はいい迷惑です。その上司の評価まで下がるからです。

「なんだ、君、できないなら最初から言ってくれよ！　他のできる人に頼んだのに！」

こんなことを言われたら、何か他でアピールしない限り、あなたは仕事ができない人、よって、出世させてはいけない人として見られてしまいます。

この対策として、普段から、周りの人一人ひとりが、仕事で何が得意で何が苦手かを正確に把握しておく必要があります。そのため、時間が空いたら、周りの人の得意・不得意を確認し、しっかり親しくしておくことです。できれば、普段から周りの人のお手伝いはまめにしておくことです。そうすれば、いざ仕事を頼まれた時、すぐ誰に何を頼めばいいかがわかります。

現実に、米国で経営コンサルティング会社に勤めていた際、いろいろな社内外の人、特に顧客から、様々なことを頼まれました。しかし、一度として困ったことがありませんでした。普段から誰が何をどの程度できるかの個人のデータを作っていたので、いつでも対応できるようになっていたので。

私は、あまりにも仕事ができなったため、「餅は餅屋」、つまり、何事も自分よりできる人がいたら、その人に頼むこと、更に言い換えれば「委任力」を早くから身につけていました。ところが、これは、実は私が社内で生き残っていくために考え出した苦肉の策だったのです。面白いもので、「委任力」をつけていったら、逆に仕事ができ、出世もさせて頂けました。

出世のルール
85
たいへんよくできました

信念を貫く

出世には仕事ができることは欠かせませんが、もっと大切なことがあります。人間性が高いことです。人間的に評価される場合、様々なポイントを見られますが、特に大事になるのが、信念を貫き通せるか否かです。

出世するということは、リーダーになっていくことですから、周りからの信用を得ることは必須です。リーダーとして信用されるためには、どんなことがあろうとも、信念だけは貫き通さなければなりません。例え、全員が反対し、四面楚歌状態になろうともです。

米国にいた際、大学院の後輩H君がある会社に新卒で入社しました。十年近い勤務の後、ついに社長室勤務となりました。H君はその社長に気に入られ、どんどん昇進・昇給していき、遂に社長室の責任者となりました。

ところがある時、彼は社長のお世話をすることで、秘密情報を得、そのサラリーマン社長が大変な不正をしていることがわかりました。段々元気がなくなり彼の様子がおかしくなっていったため、社長もH君が不正を知ったことに気づいたのです。それで社長はH君に、将来役員、場合によっては社長にもなれるように尽力することを示唆してきました。

H君はその社長が大好きで、入社以来、雲の上の存在であったのですが、社長室に入ってからは、親のような存在として様々なことで世話になり、心から慕っていました。

H君は悩みました。そのままその不正を黙っていれば、たぶん誰も気づきません。彼は、その会社に入社以来、社長や役員の座を夢見て、家族も犠牲にし、十年間ひたすら仕事に打ち込んできたのです。やっとの思いでここまできたのです。

社長に逆らえば、おそらく会社から去らなければなりません。今までの努力が水の泡です。心情的には、このまま何も知らなかったことにして出世し続けたいのです。

相談を受けた私は、信念を貫くべきであることをアドバイスしました。実は、彼は入社直後私に語っていたのです。「出世することで役職が上がっていく以上に、人間的に成長していきたいです！」と。

結局、H君はその不正を取締役会に報告しました。その勇気と責任感が買われ、取締役会は、後任の社長にH君を全会一致で指名したのでした。

出世のルール

86

顧客からの苦情やクレームは伸びるチャンス

できる人は、顧客からの苦情やクレームは自身や会社が伸びるチャンスと捉え、とても大事にします。苦情やクレームを謙虚に聞いて解決すれば、ファンを増やし業績が良くなることを知っているからです。商売をしていると、売ることに全力で当たっていますから、意外と売っている商品やサービスの問題点に気づかないものです。

どんなに一生懸命に研究開発し、満足できる商品やサービスができたとしても、どこかしら問題点や改良の余地が出てくるものです。人間が考え作るものには、完璧なものはないからです。どんな商品やサービスにも、顧客にさらに喜ばれるために、もっと良くなる点がいっぱいあります。しかし、提供する側だとなかなかそのことがわからないのです。

ですから、顧客の苦情やクレームを解決すれば、もっと魅力ある商品やサービスになり、更に売れるようになります。従って、苦情やクレームはとても有り難いことなのです。顧客がその会社が好きだから、良くなってもらいたいから、時間と労力を使ってまでも、苦情やクレームを言うのです。それは、ファンと同じ気持ちなのです。

出世できる人は、とにかく顧客を大事にします。顧客あってのビジネスであり、会社であることをよく肝に銘じているからなのです。それも誰に教わったわけでなく、自分で悟ったのです。ビジネスセンスがあるから気づくのです。

それで、顧客からの苦情やクレームは、商品やサービスを向上させるための最良の情報であることを熟知し、そのためにその情報入手のためにありとあらゆる努力をします。具体的には、とにかく顧客に直接会い、生の声を聞きます。なぜなら、顧客からの苦情やクレームは、直接会って正確なものを得ないと、間違えた対応をしてしまうからです。

顧客からの苦情やクレーム情報を直接ヒアリングし、把握し次第、迅速に対応します。これは早くなければ意味がありません。イヤな思いをしている顧客の気持ちを和らげるためには、この誠意ある迅速な対応が必須なのです。

これはあたりまえのことなのです。顧客あってのビジネス、会社なのですから。しかし、頭でわかってはいるものの、実践できない人がほとんどなのです。しかし、出世する人は、このあたりまえだけどなかなかできないことをしているのです。

出世のルール

87

周りの人を激励しまくる

人間として成長したければ、最も効果的な方法があります。それは、人を激励し続けることです。人を激励するということは、自分に強い「生命力」がないと、なかなかできません。「生命力」とは、簡単に言えば生きる力です。どんなことがあろうとも、人生を悠々と歩もうとする生命の力です。不思議なことに、自分だけ頑張ろうとしても、強く生きていこうとしても、一人ではなかなかできません。人間一人だけではとても弱く、大したことができないのです。

しかし、一度周りの人のためになることをしよう、そのために、落ち込んでいる人、困っている人、悲しんでいる人、苦しんでいる人等々、職場や周りにいるすべての人を励ましていこうと決めたならば、すごい力が出ます。人間が本来持っている、普段気づかない、とてつもない力なのです。これは人を徹底的に激励したことがない人にはわかりません。自分に力がなくても、本当にすごく力が湧くのです。人を激励するとかえって元気をもらうのです。まず、人の悩みを聞いていると、自分の悩みが小さく見えてきます。そして、問題を乗り越えるよう人を激励していると、自分も自らの問題が小さく見え始め、悠々と乗り越えられそうな気がしてきて、頑張り段々元気になってきます。

人間はそもそも人に助けられ、また人を助けて生きていく生き物なのです。言い換えれば、人から激励を受けることもあれば、人に激励をしながら生きているのです。

実は、出世する人は人を激励しまくる傾向にあります。理由は、**そもそも出世する人は人間が大好きな人が多いからです。逆に皆に好かれるから出世するのでしょうが、とにかく出世できる人は、元気のない周りの人を放っておけません。**

一生懸命激励すると、激励した人にお手本を見せざるを得なくなります。激励した人に失望させたくありませんから、激励した分、お手本になれるよう、いよいよ意地で俄然頑張って成果を出そうとするのです。

よくスポーツ選手が、恵まれない子供や重病の人を激励のために訪問して活躍を約束し、その後大きな成果をあげます。それは、人を喜ばすために、バカ力が出たとも言えます。ですから、出世したい人は、ぜひ周りの人を徹底的に激励してみて下さい。

出世のルール 88

たいへんよくできました

「ノミニケーション」を「超」重視する

「さっきD部長から、今夜飲みに行こうって誘われちゃいました！」

「それでどうしたの？　まさか断ったわけじゃないでしょう？」

「もちろん断わりましたけど？　だって、先輩と今夜カラオケに行く約束じゃないですか！」

「バカだなあ！　D部長が飲みに誘ってくれることなんてまずないんだぞ！　そもそも彼はお酒そんなに飲めないいし。俺だって誘ってもらったの一度しかないんだぞ！　それも大勢で。おそらく、仕事のことで大事な話があるんだよ。それに君以外誰か行くの？」

「いや、私だけのようです。じゃあ、本当に大事な仕事上のことですかねえ……」

「バカだなあ……　君は何年うちの会社で働いているんだ！　D部長はめちゃくちゃやり手で出世頭だぞ！　仕事以外のことで会わない人だよ。うちの役員は、社長が「超」ワンマンだから、誰も何も言えないけど、D部長は、しょっちゅう社長に直談判しているんだよ！　社長も一目置いている。みんな将来の社長だと思っている。噂だけど、D部長は今直接社長から、社内改革のために若手社員を集めて、社内改革案を作っているらしいよ」

「え！　そうなんですか！　そんな大事なことを…　じゃあ、すぐに行くって言います」

「そうだよ！　君は人間関係作りが下手だからなあ…　普段から『ノミニケーション』しないし…　そのうち全上司から相手にされなくなるぞ！　協調性がないって！」

「わかりました。これから極力『ノミニケーション』にも行くよう努力をします」

最近、若手社員の間では、「ノミニケーション」を軽視する言動が目立ちます。私も二十年近く米国にいましたので、米国式で日中に職場ですべてのコミュニケーションがとれ、良好な人間関係ができれば、仕事が終わってからわざわざ食事やお酒を飲みながら、仕事の話をする必要はないのです。

しかし、現実的には難しいのです。日中は仕事を全力でこなさなければならないので、しっかりお互いが心行くまで対話している時間はありません。そんなことをしていれば、かえって周りの人やお客様に迷惑がかかります。米国でも出世頭であった私のアメリカ人上司たちは、忙しい中、定期的に飲みに連れて行ってくれました。**実は米国でも、出世する人は「ノミニケーション」の達人なのです。これはユニバーサル・ルールなのです。**

出世のルール 89

よくできました たいへん

何事もプラス発想で

船井総合研究所創業者の船井幸雄さんは、かつて伸びる人・成功する人の条件の一つに、プラス発想であることを紹介していました。船井さんとは、各論で、特に人生観や価値観では、多少意見が異なるところもありますが、こと経営コンサルタントとしては、大先輩であり、学ぶこと大です。

その船井さんが、プラス発想であることの大切さを早くから強調されてきたのです。その点において私もまったく同感です。確かに、伸びる人・成功する人、更には出世する人は間違いなく前向きで積極的なプラス発想の人です。

面白いもので、同じことを聞いても、同じことを見ても、また、同じことを体験しても、プラス発想の人と、そうでない人とは、まったく違うのです。プラス発想の人は、不幸なことや辛いこと、また大変なこと等何でも良い方に解釈し、将来の飛躍の材料にしてしまいます。

一方、プラス発想でない人は、何事も悪い方に悪い方に解釈してしまいます。ですから、見聞き体験することで、絶えず落ち込んだり、人を羨んだり、自分の不幸さを僻んだりします。せっかくの伸びるチャンスを自ら逃しているのです。従って、出世がができないのです。出世する人は、このプラス発想力が間違いなく相当強いのです。

長いキャリア人生です。良いこともあれば、悪いこともあります。起こることの比率からすると、悪いことが起こることの方が、良いことが起こる方よりも圧倒的に多いのです。

私は次の座右の銘を講演でよく紹介しています。生きていく上で、特にビジネスではとても大事な心構えだからです。

「良（よ）からんは不思議、悪（わる）からんは、一定（いちじょう）とをもへ」

単純に現代語にすると、「良いことが起こるのは不思議で、悪いことが起こるのがあたりまえ」になります。悪いことは確かに一時的に大変です。しかし、**悪いことが起こるから良いことが将来起こるのです。また、悪いことから大切なことが学べます。更に、悪いことが起こるから、油断することなく、次に頑張れるのです。**私も米国にいた際は、悪いことだらけでした。しかし、それがあったから、当時スピード出世できたと今は本当に感謝しています。

出世のルール 90

「雑用」こそ大切にする

「(その人にとっては)どうでもいいようなこまごまとした用事」

これは何のことかわかりますか? ある国語辞典での「雑用」の定義です。なるほどと思いました。ここでポイントになるのは、実はカッコの中の「その人にとっては」です。会社や組織全体にとってではないのです。

私は仕事に本当の「雑用」はないと思っています。会社や組織の仕事はすべて大事です。どんな単純な内容でもです。一つひとつの雑用をこなすから、仕事が完成するのです。

例えば、顧客候補先企業に取引を始めてもらうため、提案書を出す場合、そのプレゼンに相手先企業からの参加者が五人いるとします。その提案書を作るのは、競合他社との競争のため、極めて創造的であることから、非常に大事な仕事と見られがちです。なぜなら、その提案内容によって仕事がとれるか否かが決まる可能性大だからです。

一方、一度その提案書ができてしまえば、参加者五人に渡すためにするコピーは、どちらかというと普通「雑用」として捉えてしまいます。しかし、実際には、そのコピーの取り方や正確な部数を用意することは、会社や担当者の印象を良くする上で極めて大事です。コピーした人が間違えてしまえば、熾烈な顧客獲得競争から僅差で負けてしまうかも知れません。

出世する人は、このことをよく知っています。ですから、雑用だからといって気を抜きません。最終的に、その提案書が正しい内容・形・部数で、かつタイムリーに顧客の手に渡るまで全力を尽くします。**正にすべてにおいて真剣勝負です。そんな状況下で、本当の意味での「雑用」など存在しません。すべてが、重要な仕事なのです。**

実はこの一般的に「雑用」とされることがきちっとできるか否かで、仕事においての勝負がつくことは意外に多いのです。特に年配の創業者社長は、お金も教育も支援者等何もない中、一人で裸一貫から苦労して「雑用」とされることも含め、すべてをやり抜き、会社を育て上げたのです。その方々は、「『雑用』だから、一流大学出身の自分がやることではない」と相手が一瞬頭によぎっただけで、その貧しい心を見破ってしまいます。

創業社長さんたちは、「雑用」を軽視する社員をできるだけ昇進させたくないでしょう。やはり何でも全力でやってくれる人に出世してもらい、重職を任せたいはずです。

出世のルール

91

いつも心に笑顔を

　私は日本の大学を卒業して、すぐに米国の大手国際会計・経営コンサルティング会社のニューヨーク本社に就職しました。英語も仕事もまったくできなかった私が、クビにならず、多少なりとも出世できたのは、素晴らしい上司に恵まれたことと、その上司が、私がいつも笑顔を絶やさないことを非常に高く評価してくれたからなのです。

　入社してすぐに私は時間の問題でクビになることを察知しました。同期と比べて、あまりに英語と仕事ができなかったのです。それもそのはず、同期のアメリカ人たちは超一流大学出身者ばかりで、英語は母国語です。本当に頭がいい人ばかりで、私は毎日ビックリするだけでした。

　しかし、ただ一つ彼らに勝てることを見つけたのです。彼らは確かに頭はいいのですが、愛嬌がないのです。逆に頭がいいので、愛嬌がなくてもなんとかなるのです。私はと言えば、頭が悪い上、大事なコミュニケーションの手段である英語ができないのです。できないどころか、米国のプロフェッショナル・ファームに勤めるプロフェッショナルとしては、そのできなさは限度を越していました。当時を振り返ると、よく周りの人が我慢したと思います。

ですから、いつクビになってもおかしくない状況でした。しかし、アメリカ人上司は、私をクビにしませんでした。その感謝の意味を込めて、私は決めました。どんなことがあろうとも、毎日心に笑顔を持つことを。**心に笑顔を持つことは、即ち、本当に心から喜ぶことです。ですから、顔や言動からも楽しさがにじみ出ていなければなりません。**

私は何があっても、毎日「スマイル、スマイル」と言い聞かせました。周りの人たちがブスっとしている時でもです。仕事もできず英語もしゃべれないのに、いつもニコニコしている私が、皆不思議だったようです。知らない人が見ると、私がまるで仕事を100%エンジョイしているから、楽しくてしょうがなくて、いつも笑顔でいられるのだと勘違いしたことでしょう。正直言って、当時は違いますが、今は100%そうです。

アメリカ人上司は、私の笑顔を高く評価してくれました。いつも大変な仕事をどんどん頼んでいるのに、文句一つ言わないどころか、笑顔で対応していたからなんだそうです。でも私にできることは本当にそれしかなかったのです。出世には笑顔は欠かせません。

出世のルール

92

抜群の「質問力」をつける

最近、名詞の後に「力」をつけるのが流行っているようです。でも我々書く側からすると非常に便利です。「力」をつけるだけで、その度合いのようなものを表現できるからです。

出世という観点から、その「力」を考えてみると、質問する力、即ち「質問力」って普段から非常に大事だと痛感しています。というのは、会議などで相手も我々側もとても忙しいので、できればお互い単刀直入に話したいものです。相手もその気で会議に参加している時、バカな質問をする人が一人でもいれば、会議は白け全員の時間のロスにもなります。

先日も、ある商談に出ていて、そこにいるのがイヤになるくらいレベルの低い人がいました。

「貴社の商品は素晴らしい！　価格が合えば、ぜひ大量に購入し、弊社系列の全国の販売店に卸したいです」

「ありがとうございます。我々も大量に買って頂けるなら、これほど有り難いことはありません。値段はご希望に添えるよう、できるだけ努力します！」

「じゃあ、条件交渉に入りましょうか……」

「ちょっとお待ち下さい。おたくは、うちの商品のどこをお気に召されたのでしょうか？全般的に他社の方が質が高く、また商品のタイプによっては、他社の方がかなり安いようですが……」

せっかく相手も買う気で値段と数量を含めた条件交渉に入ろうとした直後、会議に同席していた若手社員が、相手に買う動機を質問したのでした。透かさず同じ会社の社長が、

「おい、C君、E社様は、もう条件次第で購入頂けると言われているのだ。なぜ今、ご購入の動機を伺わなければならないのだ？　そもそもE社様に失礼だぞ！」

このようにピントの外れた質問をする人が、社内外の会議では必ずいます。けっこう有名大学出身者に多いのです。おそらく、日本の偏差値教育の観点からみれば、頭はいいのだと思います。しかし、ビジネスで一番大事な、場や雰囲気を読み取る繊細さがないのです。

商談など交渉の場で質問を聞いていると、質問者がどのくらい出世できるかがよくわかります。つまり、質問に力があるか否かなのです。質問に力があれば、話はどんどん進みます。逆に、質問の内容によっては、できたはずの取引もダメになります。

出世のルール

93

「ハングリー精神」を持つ

人間が一番伸びる時ってご存知ですか？　「ハングリー精神」がある時なのです。ですから、今世界でも、「ハングリー精神」のある国、中国、インド、ベトナム等が伸びています。三ヶ国とも国を豊かにするため、その「ハングリー精神」で、突き進んでいます。

方や日本はというと、国が豊かになり、物はあまりにあまって、第二次世界大戦後の復興時に持っていた「ハングリー精神」を、国民のほとんどは忘れてしまったのではないでしょうか。

その点、お隣の韓国は未だに、もの凄い「ハングリー精神」を維持しています。ですから、サラリーマンで一生を終わることをよしとせず、就職先であっても、独立したとしても、立身出世を目指して、日々意欲的に仕事をこなしています。

二十年近く米国にいてアメリカ人を観察していましたが、彼らも同じです。いつか出世し社会的に認められるため、経営大学院（ビジネス・スクール）や法律大学院（ロー・スクール）等で学び、「ハングリー精神」旺盛に仕事に邁進しています。ある種の「アメリカン・ドリーム」のためです。

いい意味での「ハングリー精神」がなくなれば、人間は成長が止まります。やっていることに満足するか、諦めてしまっているので、人間として成長するわけがありません。成長したければ、成果を出したければ、やはり、「これでもか！ これでもか！」、また「まだまだやれる！」との意気込みで、どんどん挑戦しなければ、出世もありません。

周りの人は、あなたのそんなひたむきな「ハングリー精神」での自己への挑戦を高く評価するでしょう。もちろん、利己主義ではいけません。周りの人たちの相談に乗り、助け協力しながら、その純粋な「ハングリー精神」を持ち続けるのです。

私も、米国に渡った際は、いつかは「国際ベンチャーコンサルタント」として独立し、日米アジアの起業家の架け橋になりたいという夢がありました。そのために、レベル的には大変でしたが、歯を食いしばって会社に計画通り十年間勤めました。**人間には夢があり、真剣にそれを実現したければ、「ハングリー精神」旺盛になるものです。その「ハングリー精神」のお陰で、なんとか夢が実現できるのです。**

出世のルール

94

現代のファイナンス（財務）手法を学ぶ

まだ米国に住んでいた際、先輩でベストセラー作家兼評論家である石川好さんが、私がいたテキサス州ダラスに来られてぽつんと言いました。

「浜口君、これからは、ファイナンス（財務）が重要になってくるよ！　ファイナンスがわからない人は通用しなくなる時代になる。若い人は今ファイナンスを勉強するべきだ……」

当時なぜ石川さんが、突然ファイナンスのこと強調されたのかよく理解できませんでした。ただ、石川さんは昔から数々の財界人や起業家と親交が深く、アドバイザー的なことをしていましたので、その経験から話していることだけは察知しました。

その後、日本に戻ってきたら、彼が言っていたように、ファイナンスにかかわる様々な出来事が起こりました。例えば、ライブドアのニッポン放送株式大量取得、楽天のＴＢＳ株式大量取得、村上ファンドの阪神電鉄などの様々な上場企業の株式大量取得、イトーヨーカ堂とセブンイレブンの合併に伴う持ち株会社、セブン&アイ・ホールディングスの設立等々。

ビジネスにかかわる人間にとって、とても他人事では済まされない事件が続いています。米国にいた際は、同様の米国企業間でのファイナンスのニュースは日常茶飯事でした。

今、企業経営において、日本は大きく変わろうとしています。特に、株式市場を巻き込んだ企業の戦略的提携や合併・買収（M&A）が盛んになってきました。石川さんが言われたように、**ファイナンスのわからない人は、確かに今の企業経営やビジネスでは、理解できないことが多過ぎて、大きなハンディーキャップになってきたようです。**

私の場合、米国経営大学院（ビジネス・スクール）修士・博士課程で、ファイナンスを専攻したため、割と知っている方だと思います。が、あまりに次々ファイナンス絡みの事件が起こるので、アドバイスを求められても、フォローし切れないのが現状です。

石川さんがアドバイスしてくれたように、ファイナンスを学んでいて良かったです。お陰様で、ニュースを聞けば、問題の本質がすぐにわかります。そもそも、今日本で起こっているファイナンス絡みの事件は、十年以上前、米国で起きていたことです。

ファイナンスの知識はビジネスにおいてもう必須です。まして出世を望んでいる人たちは、これからどんどん出てくるので、しっかり学び理解しておく必要があります。

出世のルール

95

たいへんよくできました

熱く語る

「はい、Aですが……」

「ああ、A君か！　Bだよ。どうしたんだよ、急に休んだりして？」

「あ！　B先輩！」

「今のプロジェクトが終わるまで、毎日皆で頑張るってチームで決めたじゃないか？」

「す、すみません……」（泣きながら話すA君）

「チームの皆は君のことを心配してるぞ！　なんでもいいから、すぐ出てきて手伝えよ！」

「B先輩、僕もうダメです。僕には今の仕事向いていないんです。失敗ばかりして、皆にすごく迷惑かけてしまって……　僕の失敗のために、一回目の期日に間に合わなかったし、何度もやり直しさせてしまったし……　もうこれ以上皆に迷惑かけられません……」

「何言ってるんだよ！　君は初めてやるプロジェクトだから、間違えるのあたりまえだよ！

これからは、僕もチェックするから、大丈夫だよ! 一緒にやろうぜ!」

これは、実際にあった電話での会話です。私が顧問をしていた大手商社で、新入社員A君を入れたチーム五人があるプロジェクトをしていたのですが、慣れないこともあり、A君が一人で間違いやミスを起こしてばかりいました。それで、A君が落ち込んで突然出社拒否したのです。

顧問業務のために、その商社に行った際、チームリーダーであるBさんから相談されました。実は、私も過去、同じような状況に直面したことがあります。大型のコンサルティング・プロジェクトを半年かけてやっていた際、突然、プロジェクトのメンバーの一人が来なくなったのです。その時は、私はそのメンバーの自宅まで行って、再度一緒に頑張るよう説得しました。ですから、この商社での出来事は、非常に懐かしい光景でもありました。

Bさんには、とにかくA君にプレッシャーを与えることなく、プロジェクト完成への思いを熱く語るようお願いしました。**「熱き思いは伝わる」からです。**Bさんには A君に電話してもらいました。結局、A君はやる気を取り戻しプロジェクトは無事完成しました。その直後に、Bさんはそのリーダーシップを高く評価され、課長に昇格したのです。

出世のルール

96

たいへんよくできました

前例にないから挑戦する

「D君、それは前例にないから、稟議書出してもきっと承認とれないよ……」

「はあ〜F君何言っているんだ！　その考え方は大間違いだぞ！　若いのに古過ぎる。一昔前の大企業の発想だよ！　今は逆で、前例にないから挑戦する時代だよ」

「でも承認する人たちは、新しいことがわからない、頭の固い保守的なおじさんたちじゃないか。どうやって承認を得るんだよ？　無理に決まってるじゃん。それができるくらいなら、もっと前に誰かやってるよ！」

「バカ言ってるんじゃないよ！　難しいから挑戦する価値があるんだよ！　もし、誰かが既にやったことなんて、新しくやる意味ないよ。とにかく当たって砕けろだ！　協力頼むぜ！」

よく大企業で「前例がないから」ということを、新しいことをする時に却下する理由として使っていました。当時は、それは立派な理由として、会社から指示を受けていました。しかし、今は違います。新しいことにどんどんチャレンジせず、同じ事ばかりやっていたら、競合他社との差別化ができず、競争に負けてしまいます。

私は、最近講演や執筆で「若手、女性、外国人、シニア（年配者）から学び、上手く活用できない会社は衰退する」と訴え続けています。これは、二十年近くいた米国で体験してきたことなので、かなり自信がある主張です。

ぜひ推薦したいのは、若手、女性、外国人、シニアからどんどんアイディアを出してもらうのです。それも前例のないものをです。

過去にもの凄い出世を遂げた人を調べてみて下さい。皆さん例外なく、前例にないことに挑戦してきたのです。一歩間違えば、左遷かクビだったのかも知れませんが、敢えてそのリスクをとって勇敢に挑戦したのです。

なぜでしょう？　理由は簡単です。本当に会社の将来のことを思っていたからです。例え一時的に失敗したり、損をすることがあっても、長い目で見たら、会社にとっていいことだと判断したのです。保身を捨て、会社にすべてを賭けたので、会社から理解を得たのです。

不思議なことに、どの時代でも、どの企業でも、最初は前例にないことは理解されません。でも本当に会社のことを思った勇敢な行動は、人の心を打ち支援を得るのです。

出世のルール

97

たいへんよくできました

「カリスマ力」をつける

「大衆を指導し、心服させる超人的な資質や能力」。これは、ある辞書によるカリスマの定義です。カリスマとは元々ドイツの有名な社会学者、マックス・ウェーバーが最初に使った用語で、当時「神から与えられた能力」という意味で用いられていました。

私は出世する人は、このカリスマ性があると思っています。私が会ってきた出世頭は、皆カリスマ性がありました。実はカリスマ性は、時と共に増していく人と、薄らいでいく人がいるのです。出世する人は、最初少しのカリスマ性があり、それが時と共にどんどん増していくのです。ですから、それがある程度を越した時、属しているその組織でトップクラスに収まるか、自ら新しい組織を創り、そこでトップをやるのです。

よくカリスマ性は、持って生まれたもので、先天的なものと理解されています。私は、それは大間違いだと断言します。なぜなら、私の周りでも、元々カリスマ性のかけらもなかった人が、「超」カリスマ性を持った人になってしまったのを、何人も知っているからです。

実はカリスマ性は、努力したら養えるものなのです。ですから、私は、あえてカリスマ性とは言わず、「カリスマ力」と呼んでいます。カリスマ性と言うと、持って生まれた資質のような印象を与えてしまいます。人によっては、確かに子供の頃からカリスマ性を備えた人もいます。しかし、それがずっと続くとは限りません。

要するに、カリスマ性、つまり、「カリスマ力」は努力で養えるものなのです。それでは、どしたら「カリスマ力」がつくのでしょう? それは、リーダーを続ければ続けるほどつくものなのです。100%保証します。強調したいのは、**とにかくリーダーになれば、時間の問題で強弱の差こそありますが、着実に「カリスマ力」はつきます。**

結局「カリスマ力」とは、人を心服させる超人的な資質や能力なのですから、リーダーシップの最高位なのです。要するに、繰り返しますが、リーダーを長く務めれば務めるほど、カリスマ力もついてきます。もし長年リーダーをやっているのに「カリスマ力」がついていなければ、そもそもリーダーに向かないか、リーダーシップがないのです。

本物の将来のリーダー、つまり出世できる人は、努力して「カリスマ力」を研究し、実際に「カリスマ」を応用すべきです。

出世のルール

98

たいへんよくできました

嘘も方便

時と場合によっては、嘘をつくことも正しいことがあります。つまり、「知らぬが仏」とも言いますが、本当のことを知らせない方が親切な場合があります。

また、「嘘も方便」もよく聞きますが、元々仏教語で、「衆生つまり民衆を導くのに用いる便宜的な方法」を指していました。例えば、釈迦が難しい「法華経」を説くのに、最初から最高レベルの教えを説くと、民衆が理解に苦しみ、ついて来れなくなります。そのため、仮の教えでまず理解させ、その後徐々にレベルアップをしていきます。丁度数学の学習のように。

これは、釈迦が民衆に対する深い慈悲の心があったから、嘘が言えたのです。そもそも嘘をつくことはいけないことです。しかし、時と場合によっては、嘘をついてあげる方が、相手が幸せになったり、傷つかないで済むケースも往々にしてあります。

ですから、時には、相手の置かれている状況や気持ちを思いやるため、正々堂々と嘘をつきましょう。

ある時たまたま、顧問先企業の社長と社員の会話を聞いてしまいました。

「社長任せて下さい。私が新規顧客開拓をし、どんどん稼ぎますから・・・」

「ありがとう! 上手くいくか否かは別にして、例え嘘でも、君のその私や会社を思いやる気持ちがすごく嬉しいよ!」

「はい、だって、私は社長が大好きですから・・・ いつも社長をどうやったら喜ばせられるかを考えています」

実は社長は、この「嘘も方便」をわきまえている社員に対し、有り難味と頼もしさを強く感じたのです。ですから、その後、社長はその社員をどんどん昇進させました。最終的には次期後継者、つまり社長候補として期間を決めて評価しています。

実は、この「嘘も方便」が実践できている人が少ないのです。と言うのは、一種のハッタリでもありますから、どこまで信じさせていいのか、結構葛藤しています。

四角四面の人から見ると、一見いい加減な人事をしているように見えます。しかし、社長や上司もしょせん人間ですから、会社のために頑張ってくれ、言ったことにチャレンジしてくれる人をとても大事にします。従ってそのタイプは出世も早いのです。

出世のルール
99

たいへんよくできました

とことんやり抜く

「一生懸命やっているのですが、上司からぜんぜん評価されません。どうしたらいい評価が得られるのでしょうか?」

「一生懸命やっていてですか? それは不思議ですね? では、成果は出てますか?」

「あまり出ておりません。そのためよけい一生懸命やっているのですが…」

「それでは、評価されませんよ! 一生懸命やることも大事ですが、成果を出すことはもっと大事です。だって、趣味じゃないんですから。そのことをやることで、つまり成果を出すことで、お金をもらっているわけですから」

顧問先企業の社員さんからこの種の相談をよく受けます。会話でおわかりように、「一生懸命さえやっていれば、成果が出なくてもしょうがない」という勘違いをする人が多いこと。

どんなことでも、それをやるのに一円でもお金を頂いたら仕事となりますから、お金を出す側の期待に応えるべく、成果を出さなければなりません。お金を出すのは、頼まれた人が成果を出してくれるからであって、一生懸命やってくれるからではありません。

単に一生懸命やればいいのであれば、誰でもいいのです。極端な話、子供でもいいのです。サラリーマンにこのような考えの人は本当に多いのです。二十世紀の右肩上がりの高度経済成長期では、何もしなくても一定の成果が出ていた時代では、それも許されたこともあったのかもしれません。

しかし、今は違います。私は「二十一世紀はプロフェッショナル化の時代」だとよく講演や執筆で訴えます。なぜなら、ビジネスにおいても、量から質にニーズが移ると同時に、国際的な競争の時代になったからです。そのため、**評価基準は今までの「一生懸命頑張る」から「どれだけの時間とお金をかけたら、どれだけの成果があげられたか」の「時間対効果」や「費用対効果」に移ったのです。それに気づかない企業や組織は衰退していっています。**

出世には成果は必須です。では、成果を出すにはどうしたらいいのでしょうか? いろいろな方法がありますが、その一つは、やり始めたら少し上手くいかないからとか、大変だからとかで途中で投げ出さず、とことんやり抜くことです。とことんやり抜けば、たとえすぐに成果がでなくても、多くのことが学べます。そして、やり抜き通せば、必ず成果は出ます。

出世のルール100

よくできました

一を見て十を知る

「A君、C社のD部長を訪問するから、君も一緒に来てくれ。営業だから、しっかり準備しておいてくれよ！」

「わかりました。まかせておいて下さい、B課長！」

それでB課長とその部下、A君が営業目的でC社を訪問しました。

「D部長、今日はお忙しいところ、お時間頂戴しまして本当にありがとうございます。こちらは、部下のAです」

「あ、そうですか。Aさん、部長のDです。よろしくお願いしますね。今日はせっかくなので、勉強のため、二人の部下も同席させますがよろしいですか？」

「どうぞどうぞ。少しでの多くの方に聞いて頂けるなんて、有り難いことです。じゃあ、A君、皆様にプレゼン資料をお渡しして」

「はい、どうぞ」

「どうぞって、お前たった一部しか持って来てないのか？　なんで会議の参加者人数を事前に確認しなかったんだ？　なんで念のため余分に資料用意しておかないんだ？」

「は、はあ……」

「はあじゃないだろう！　D部長すみません。戻りましたらすぐに追加資料を送らせますので」

これは、よくある話です。おそらく、日常茶飯事ではないでしょうか。世の中には、本当に物事に鈍い人がいます。ビジネスセンスの問題でもあるわけですが、基本的に頭を使っていない証拠です。つまり、事前に大事な商談のシュミレーションをしないのです。

こういう人は「一事が万事」で、「一つのことを見て、十のことを知る」訓練をしていませんから、すべてにおいてこんな調子です。そもそも「なんとかなるだろう」と、何事にも甘えているからなのです。そんな姿勢では、絶対に出世できません！

ビジネスは壮絶な戦いです。特に商談では、目に見えない競合他社がいるわけですから、少しでもこちらがすごい会社で、できる人間であることを、数少ない機会で印象づけなければなりません。普段から「一を見て十を知る」自己訓練を徹底的にしておきましょう！

出世のルール
101
たいへんよくできました

まず、皆の意見を聞いて意思決定する

「浜口、お前この会社についてどう思う？」

「私のコンサルティング経験から、この会社にはかかわらない方がいいと思います。理由は、経営陣に力はなさそうですし、事業として急成長する見込みがないからです」

「Aは、どうだ？」

「はい、私も浜口社長と同感です」

「Bは？」

「私も、この会社は、万が一上手くいっても、大きくはならないと思いますので、今回の投資は控えられた方が得策だと思います」

「よし、わかった。皆がそう言うなら、一目瞭然だな。今回のC社への投資は止めよう！」

「超」高収益企業であるゼネラルエンジニアリングの河合光政社長との打ち合わせの際のや

り取りです。河合社長は、私の兄のような存在でもあるのですが、彼の意思決定の仕方には大いに学ばさせてもらいました。

河合社長は、重要なことを決める際は、必ず関係者や専門家を一同に集めて、皆に自由に意見を言わせます。普段はワンマン社長なのですが、こういう時は、人の言うことを徹底的に聞きます。人の意見を聞きながら、自分なりの客観的理論的な分析も同時に行います。

人間自分が好きなことややりたいことであれば、すぐに取り掛かりたいですから、わかってはいるものの、ついつい人の意見も聞かず、思い込みで突っ走ってしまいます。河合社長の意思決定における冷静さにはいつも感心します。そこには、私情を一切入れず客観的合理的に決めるのです。

人の上に立つ人は、冷静で客観的合理的な意思決定をする癖が必要です。それはあたりまえのことなのですが、なかなかできないのです。普段からそうするよう行動としてのパターン化をさせておかないと、ついつい反射的に飛びついて、同じミスを犯してしまいます。

ですから、大事な意思決定をする際は、関係者と専門家全員の意見をまず聞きましょう。そして、それらを参考にして、問題点を十分把握した上で、最終的には自らの信念で信じる道を選びましょう! そうすれば、出世のスピードも速くなりますよ!

あとがき

本シリーズの第一弾、『あたりまえだけどなかなかできない仕事のルール』を一緒につくった小早川幸一郎さんが、昨年独立されて株式会社クロスメディア・パブリシングという出版をベースとしたコンテンツビジネス企画・制作会社を立ち上げられました。

その小早川さんから、今度は「出世のルール」をテーマにした本の執筆を依頼頂いた時、正直言って考え込みました。というのは、そのテーマで書けば、みなさんから自分が米国でスピード出世したことの自慢話ととられてしまうのではないかと思ったからです。

私は自慢話をするのが苦手で大嫌いなのです。正直言って、私の日本でのビジネス上の戦いは、今始まったばかりです。目標は、米国で修行してきたプロのコンサルタントとして、一社でも多く日本のベンチャー企業の手足となって支援することです。それは私のライフ・ワークでもあります。ですから、とても過去の小さな成功に浸っている場合ではないのです。

先輩コンサルタントや経営者に相談したところ、皆さん「出世のルール」の本の出版を強く勧めてくれました。なぜなら彼らは前々から、私が米国で接してきた「立身出世」の人々の成功の秘訣や私自身の体験談（特に失敗談）を詳しく知りたがっていたからです。この本を出すことで、少しでも彼らのニーズに応えられればと思い、かなり正直に書きました。

この本では様々なエピソードを紹介しましたが、一番訴えたかったことは、**人間性の向上が出世の近道であるということです。人間性が高まれば、仕事も頑張り成果も出せるようになりますし、人間的に魅力がどんどん増し、周りの人がファンになってくれるでしょう。そうなれば、出世どころか、時間の問題で、一流のリーダーになっているのです。**

「弱き自分に挑戦し続けた者だけが、最高の出世を味わえる！」「出世を追う者は、出世で泣く」これは、私自らの失敗体験に基づく結論です。私も今ようやく、人生における出世の旅の第一歩を踏み出したばかりです。ぜひ皆さんと共に弱き自己に挑戦しながら、一緒に出世していきたいです。

「労苦と使命の中にのみ、人生の価値（たから）は生まれる」

この精神でこれからも皆様に役立つ本をどんどん世に送り出したいと思います。

浜口 直太

【著者略歴】

浜口 直太（はまぐち・なおた）

株式会社 JCI 代表取締役会長兼社長。創価大学卒業後、英語も話せぬまま渡米し、米 KPMG ピート・マーウィックに入社。働きながらテキサス大学経営大学院 MBA 取得。同大学院博士課程、更にウォートン・スクール博士課程で財務、国際経営を専攻する傍ら、同大学院で教える。その後、米プライス・ウォーターハウスを経て、米国で経営・起業コンサルティング会社を設立。その後、東京に国際ビジネス・経営コンサルティング会社「株式会社 JCI」を設立。外資系ベンチャーキャピタル (VC) のマネジング・ディレクターを経て、日米の VC やベンチャー企業数十社の役員を兼務。日・米・アジアを中心に総合的な国際ビジネス・経営 (起業) コンサルタント並びに国際ベンチャーキャピタリストとして活動中。著書に「あたりまえだけどなかなかできない仕事のルール」(明日香出版社)、「CFO 最高財務責任者」「MBA では学べない勝つ経営の本質」(日経 BP 企画) などがある。

あたりまえだけどなかなかできない 出世《しゅっせ》のルール

2006年 2月28日 初版発行　　著 者　浜口 直太
2006年 3月 3日 第13刷発行

発行 クロスメディア・パブリッシング
発行者 小早川幸一郎
〒151―0072 東京都渋谷区幡ヶ谷 1-20-5 アスコット幡ヶ谷 3F
(03)3485-2934 (TEL)
(03)3485-2939 (FAX)
http://www.cm-publishing.co.jp

発売 明日香出版社
発売者 石野栄一
〒112-0005 東京都文京区水道 2-11-5
電話(03)5395-7650 (代表)
(03)5395-7654 (FAX)
http://www.asuka-g.co.jp

■スタッフ■ 編集 早川朋子／藤田知子／小野田幸子／金本智恵／末吉喜美
営業 北岡慎司／浜田充弘／渡辺久夫／奥本達哉／平戸基之
営業推進 小林勝　M部 古川創一

印刷 株式会社文昇堂
製本 根本製本株式会社
ISBN 4―7569―0964―7 C2034

カバーデザイン 渡邊民人

クロスメディア・パブリッシングからのお知らせ

発行元であるクロスメディア・パブリッシングのホームページでは、出世するために役立つ情報を随時発信していきます。ぜひ一度、アクセスしてみてください！！

URL はこちら → http://www.cm-publishing.co.jp

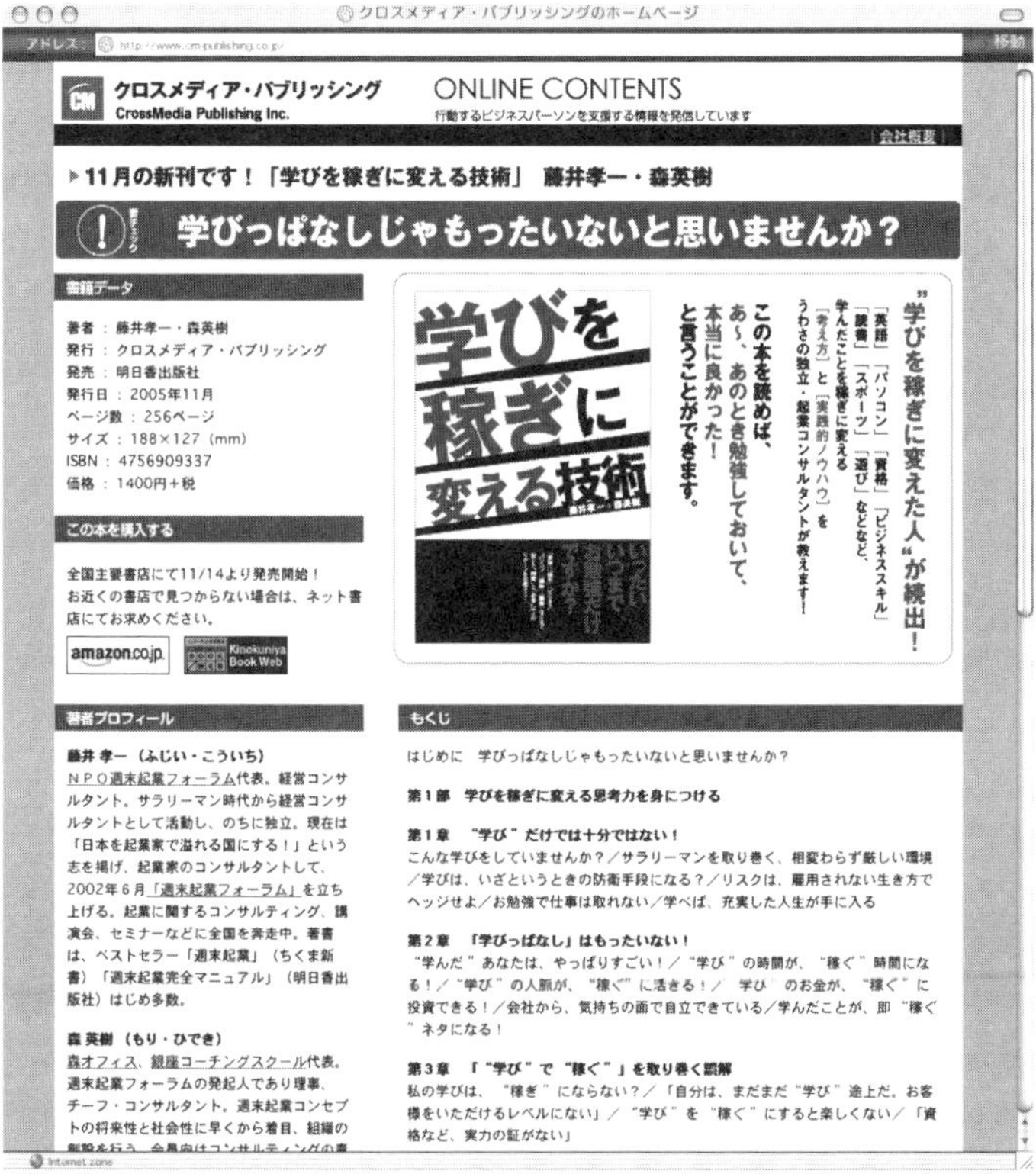